IELTS LISTENING

卢峭梅讲雅思

听力机经

卢峭梅 / 编著

Success means doing the best we can with what we have. Success is the doing, not the getting; in the trying, not the triumph. Success is a personal standard, reaching for the highest that is in us, becoming all that we can be.

—— Zig Ziglar

Take up one idea. Make that one idea your life - think of it, dream of it, live on that idea. Let the brain, muscles, nerves, every part of your body, be full of that idea, and just leave every other idea alone. This is the way to success, that is way great spiritual giants are produced.

—— Swami Vivekananda

第2版

MW01710747

机械工业出版社
CHINA MACHINE PRESS

这是一本机经大全，是迄今为止最全的雅思听力机经大全。它把雅思听力考试所涉及的版本全部整理归纳齐全。考生可以参照卢峭梅老师的网上预测，查找相关版本，提高复习针对性。

本书包括：完整精华讲义、真题回忆手册、随身携带词汇精华掌中宝和附赠光盘。

完整精华讲义：对整个雅思听力题库进行了剖析，对所有考生可能出现的问题进行了详细的提示和讲解。这是对雅思听力题库的诠释，也是对雅思听力课程的有益补充。

真题回忆手册：是经过校正的雅思机经内容，含临场状况及卷面相关信息。

词汇精华掌中宝：系词汇速记手册，学生可随身携带，提高学习效率，节省学习时间。

本书配有光盘，学生可以模仿并作为听力练习使用。

本书的作者为雅思界最著名的听力教师之一，熟悉雅思考试，深受学生好评。

图书在版编目（CIP）数据

卢峭梅讲雅思听力机经/卢峭梅编著. —2版. —北京：机械工业出版社，2009.7（2010.3重印）
ISBN 978-7-111-27747-7

I.卢… II.卢… III.英语—听说教学—高等教育—自学参考资料 IV.H319.9

中国版本图书馆CIP数据核字（2009）第117055号

机械工业出版社（北京市百万庄大街22号 邮政编码 100037）
责任编辑：孟玉琴　　版式设计：美文苑　　责任印制：杨 曦
保定市中画美凯印刷有限公司印刷
2010年3月第2版第5次印刷
205mm×285mm ·24印张·589千字
20 001-25 000册
标准书号：ISBN 978-7-111-27747-7
　　　　　ISBN 978-7-89482-777-7（光盘）
定价：59.80元（附赠1张MP3 + 两本便携手册）

凡购本书，如有缺页、倒页、脱页，由本社发行部调换
电话服务
社服务中心：(010)88361066
销 售 一 部：(010)68326294
销 售 二 部：(010)88379649
读者服务部：(010)68993821
网络服务
门户网：http://www.cmpbook.com
教材网：http://www.cmpedu.com
封面无防伪标均为盗版

序 完美有最

熟悉卢老师的人都知道她是一位追求完美的人。她是我见过的最优秀的雅思听力老师之一。凡是上过卢老师课的学生都觉得受益匪浅。她的讲述方法细致而不失层次、幽默且富有条理、深入浅出、学术性和实用性兼备。凡是认识卢老师的人都愿意跟她坦承交流，因为她总是善良热情、优雅谦和、从容自信。无论从任何一个角度，她都是雅思培训优秀教师的典范。

然而什么是完美的最高境界？怎样才能让所有的人“满意”？这是最容易想到，但是最难达到的目标。在雅思考试中，得听力者得天下。这一点尽人皆知。毕竟听力是客观题，是中国考生最适应的题目类型。而且听力的材料相对难度较低，提高成绩比较容易。而雅思机经恰恰是雅思听力的精华所在。

机经是历年考生前仆后继的经验总结，是雅思培训行业对英语文化和测试学的回顾与积累，是中国考生专注与热情的真实体现。

机经是雅思中的精华，要把机经做到完美，这样的编写达到了一个新的高度。因为需要准确了解机经内容，不仅是整理，还要甄别和解析。但是这样的工作对于考生来说却有着重要的意义。

看到这本书，我坚信完美有最。这就是请最高水平的老师倾心打造最实用性和亲和力的机经。

整套书包含：完整精华讲义、真题回忆手册、词汇精华掌中宝和附赠光盘。整套书已经将机经掰开揉碎，讲解得无懈可击，注释细腻、表现力完美，极尽科学性、完整性和方便性。

完整精华讲义按照版本划分，汇集了迄今为止最完整的雅思版本内容。全书边总结边讲解，是机经的核心内容，也是临考指导手册。整本书编排整齐、一目了然。

真题回忆手册是历年机经的总结，真实再现考场状况，完美描述雅思听力题库。

随身携带词汇精华掌中宝汇总了各个版本的词汇精华，体积轻巧，便于携带。

书中所赠送光盘的录音包括三个部分：精华版听写词汇，供学生做听写练习；模仿训练词汇，供学生模仿、背诵精华词汇使用；机经版本朗读，朗读不同版本下的答案内容。整个录音时间高达11个小时。

这是国内目前为止最全面、最便捷、讲解最权威的雅思听力机经。这是一本体现最新出版理念的书，是一本让“便携”和“研读”、“讲解”和“回忆”、“学习”与“训练”完美结合的书。

吕雷

编写说明

雅思听力考试一个最显著的特点就是考题的重复使用以及考题场景的相对固定化，而考生如何利用雅思听力考试的这个特点，有的放矢地进行考试准备，是能否顺利通过考试，取得好成绩的关键所在。

“机经”一词最初来源于GRE考试，由于GRE机考的题目经常重复，因此不少考生把考后对试题的回忆发表到网上，被大家称为“机经”（取“机”与“G”的谐音）。自2001年以来，中国大陆参加雅思考试的人数以及举办考试的频率大幅度提升，再加上同一版本题目的重复使用，越来越多的雅思考生把考试的题目内容、答案、经验等回忆出来供考友探讨分享，这些对雅思考生有着实用价值的帮助信息也就形成了现在的雅思题库机经。

雅思全年共三四十次考试， 约有75%的听力考试题目来自已经考过的题库旧题，这些题目章节回忆全部包含在本书中，因此，掌握好本书的内容，可以说在考试中就不会再碰到生僻新词、陌生场景，就能很好地把握所听答案信息的敏感度和准确度，巧妙避开考题陷阱，从而顺利通过雅思听力考试。

在整理机经的过程中，编者参考了很多机经的版本编写方式，核订不同版本的答案，真诚地感谢各位同学和考生为雅思培训所做出的努力。 本书不仅仅是考试内容的简单回忆汇总，更重要的是它突破了以往雅思听力考试回忆只是纵向按版本号顺序纵向展开的模式，而是严格按照剑桥雅思听力考试题库模块以章节顺序依次平铺展开，涵盖了雅思听力考试的所有版本和章节，极大地方便了考生记忆、备考。

《卢峭梅讲雅思听力机经》是一套4合1的精讲套装合集。

完整精华讲义（俗称“大册子”）：按雅思听力考试题库模块以章节为顺序展开。每个版本章节都按“话题背景”、“卷面识读词汇”、“答案拼写内容”以及“答案注意事项”等版块作了具体的讲解。考生一定要仔细阅读每个章节的“答案注意事项”版块，因为这些都是考试中最容易疏忽丢分的地方。如：second-hand和second hand 前者是二手的意思，后者是闹钟的秒针的意思，所以要注意答案拼写的准确度；motorcycle（摩托车），wheelchair（轮椅）等都是一个单词，不能拆分为二； refreshments（小吃），wetlands（沼泽地）等答案必须有-s；Centre Manager（中心主任），Town Hall（市政厅）等是专有名称，首字母要大写。这些在考试中容易丢分的细节问题，在这一版块中都进行了重点提醒，雅思听力考试在很多情况下是细节决定成败！

真题回忆手册（俗称“中册子”）：按雅思听力考试版本号顺序纵向展开，是历年雅思听力机经的总结，力求真实再现考场状况，描述考题背景。

词汇精华掌中宝（俗称“小册子”）：按雅思题库模块以章节顺序展开，分“考试答案拼写内容”、“需认知无需拼写识读词汇”，“答案基本信息汇总”三个版块。其中，“考试答案拼写内容”版块把雅思听力考试所有主观题的答案以章节（section）为顺序进行了总结，考生可以根据自己的程度水平，分级、按难度顺序备考记忆雅思听力考试必考单词，这部分单词是必须严格掌握拼写的词汇。“需认知无需拼写识读词汇”是考试卷面上出现的识读词汇，无须会拼写，只须掌握意思即可。“答案基本信息汇总”是雅思听力试卷上所有需要填写的电话号码等数字、人/地名、时间、价钱等基本功信息。

光盘：中册子中的全部内容，小册子中的“考试答案拼写内容”和“答案基本信息汇总”部分均由英籍考官朗读录音。其中“考试答案拼写内容”部分又分听写版和记忆版两种模式，特别强调的是对于答案词汇，因为雅思听力考试是听音写词，所以考生一定要结合录音背诵拼写，使之成为音、义、形掌握无误的积极词汇（active words）。而像 poor area（贫困地区），blond hair（金发）等答案信息考生要注意连读、失爆等语音现象，根据英籍考官读音准确反应、模仿。此外，考生可以结合考官朗读录音进行考试中出现过的数字、时间、人/地名拼写等练习，强化基本功信息，因为这些都是考试中一定会考的内容。中册子中的机经答案部分，英籍考官也进行了朗读，方便考生场景再现还原。

最后，考生在临考前可以登录博客http://blog.sina.com.cn/luqiaomei 查看相应考试的回忆和预测。

总之，很好地掌握此书，可以说雅思听力过关无忧。

希望《卢峭梅讲雅思听力机经》这本书能帮助广大考生顺利通过雅思听力考试，取得满意成绩。

在本书的编写过程中，郑凯文、卢子萱、丁佳艺、宋春岩、卢宝山、王秋苓、郑祖琴、张硕、卢峻松、丁宏、高霞、董刚、张莹、李戈林、门春涛、刘继文、钟立华、张翠萍、刘珠、赵鹏、王世伟、江源、张靖娴、贾玉梅、蒋庆华、贾明、赵敏、王朝晖、杨志、王贞、孟凡琦、祺美华、白超、孟庆元、金春玲、刘艳平、祺美英、杨苗苗、祺美丽和刘哲也参与了资料收集及部分编写工作，在此一并感谢。

卢峭梅

目录

版本号：50139/P29
版本号：50147/P45
版本号：50233/P34
版本号：50301/P27
版本号：06101/P40
版本号：06102/P23
版本号：06103/P47
版本号：06106/P37
版本号：06108/P26
版本号：06109/P20
版本号：06110/P47
版本号：06111/P33
版本号：06113/P29
版本号：06114/P21
版本号：06119/P38
版本号：06120/P34
版本号：06121/P48
版本号：06124/P45
版本号：06125/P25
版本号：06126/P33
版本号：06130/P22
版本号：06134/P48
版本号：06136/P34
版本号：06138/P47
版本号：06139/P39
版本号：06140/P39
版本号：06141/P49
版本号：06142/P37
版本号：06144/P49
版本号：06146/P50
版本号：06148/P44
版本号：06316/P34
版本号：06319/P30
版本号：07101/P49
版本号：07102/P33
版本号：07104/P50
版本号：07106/P50
版本号：07107/P35
版本号：07109/P51
版本号：07111/P51
版本号：07112/P37
版本号：07114/P51
版本号：07116/P32
版本号：07118/P24
版本号：07119/P46
版本号：07121/P40
版本号：07122/P33
版本号：07125/P40
版本号：07126/P35
版本号：07127/P49
版本号：07131/P32
版本号：07132/P50
版本号：07134/P42
版本号：07135/P52
版本号：07137/P52
版本号：07138/P20
版本号：07139/P42
版本号：07141/P53
版本号：07142/P53
版本号：07143/P54
版本号：07145/P43
版本号：07147/P50
版本号：07148/P54
版本号：08101/P55
版本号：08102/P49
版本号：08103/P54
版本号：08104/P39
版本号：08106/P52
版本号：08107/P51
版本号：08108/P50
版本号：08109/P55
版本号：08110/P50
版本号：08111/P56
版本号：08112/P56
版本号：08113/P57
版本号：08114/P57
版本号：08115/P57
版本号：08116/P51
版本号：08117/P27
版本号：08118/P58
版本号：08119/P19
版本号：08120/P49
版本号：08121/P35
版本号：08122/P58
版本号：08123/P34
版本号：08124/P47
版本号：08125/P44
版本号：08126/P46
版本号：08127/P33
版本号：08128/P34
版本号：08129/P59
版本号：08130/P37
版本号：08131/P30
版本号：08132/P40
版本号：08134/P40
版本号：08135/P59
版本号：08136/P58
版本号：08137/P60
版本号：08138/P60
版本号：08139/P43
版本号：08140/P36
版本号：08141/P61
版本号：08142/P61
版本号：08143/P61
版本号：08144/P48
版本号：08145/P62
版本号：08146/P62
版本号：08147/P23
版本号：08148/P62
版本号：09101/P62
版本号：09102/P56
版本号：09103/P63
版本号：09104/P63
版本号：09105/P64
版本号：09106/P64
版本号：09107/P57
版本号：09108/P64
版本号：09109/P65
版本号：09110/P65
版本号：09111/P66
版本号：09112/P66
版本号：09113/P66
版本号：09114/P62
版本号：09117/P67
版本号：09118/P42
版本号：09119/P53
版本号：09120/P44
版本号：09121/P53
版本号：09123/P37
版本号：09124/P59
版本号：09125/P47
版本号：09126/P67
版本号：09127/P57
版本号：09128/P31
版本号：09129/P67
版本号：09130/P64
版本号：09131/P66
版本号：09132/P68
版本号：09133/P68
版本号：09134/P69
版本号：09135/P62
版本号：09136/P51
版本号：09137/P59
版本号：09138/P69

版本号：06120/P96
版本号：06121/P97
版本号：06124/P96
版本号：06125/P101
版本号：06126/P87
版本号：06130/P94
版本号：06134/P83
版本号：06136/P78
版本号：06138/P87
版本号：06139/P82
版本号：06140/P82
版本号：06141/P99
版本号：06142/P101
版本号：06144/P83
版本号：06146/P88
版本号：06148/P87
版本号：06316/P78
版本号：06319/P95
版本号：07101/P77
版本号：07102/P91
版本号：07104/P83
版本号：07106/P102
版本号：07107/P102
版本号：07109/P96
版本号：07111/P101
版本号：07112/P81
版本号：07114/P102
版本号：07116/P103
版本号：07118/P98
版本号：07119/P90
版本号：07121/P100
版本号：07122/P78
版本号：07125/P97
版本号：07126/P91
版本号：07127/P83
版本号：07131/P89
版本号：07132/P88
版本号：07134/P103
版本号：07135/P103
版本号：07137/P92
版本号：07138/P104
版本号：07139/P104
版本号：07141/P105
版本号：07142/P105
版本号：07143/P99
版本号：07145/P93
版本号：07147/P99
版本号：07148/P87
版本号：08101/P106
版本号：08102/P106
版本号：08103/P106
版本号：08104/P87
版本号：08106/P107
版本号：08107/P107
版本号：08108/P87
版本号：08109/P103
版本号：08110/P82
版本号：08111/P99
版本号：08112/P103
版本号：08113/P92
版本号：08114/P107
版本号：08115/P108
版本号：08116/P108
版本号：08117/P107
版本号：08118/P97
版本号：08119/P100
版本号：08120/P108
版本号：08121/P91
版本号：08122/P109
版本号：08123/P75
版本号：08124/P109
版本号：08125/P87
版本号：08126/P88
版本号：08127/P109
版本号：08128/P90
版本号：08129/P97
版本号：08130/P93
版本号：08131/P86
版本号：08132/P108
版本号：08134/P83
版本号：08135/P97
版本号：08136/P110
版本号：08137/P93
版本号：08138/P110
版本号：08139/P110
版本号：08140/P103
版本号：08141/P108
版本号：08142/P93
版本号：08143/P83
版本号：08144/P111
版本号：08145/P111
版本号：08146/P112
版本号：08147/P112
版本号：08148/P112
版本号：09101/P113
版本号：09102/P112
版本号：09103/P113
版本号：09104/P113
版本号：09105/P114
版本号：09106/P114
版本号：09107/P114
版本号：09108/P115
版本号：09109/P93
版本号：09110/P115
版本号：09111/P116
版本号：09112/P110
版本号：09113/P103
版本号：09114/P101
版本号：09117/P116
版本号：09118/P116
版本号：09119/P113
版本号：09120/P116
版本号：09121/P101
版本号：09123/P93
版本号：09124/P104
版本号：09125/P105
版本号：09126/P102
版本号：09127/P92
版本号：09128/P109
版本号：09129/P115
版本号：09130/P91
版本号：09131/P104
版本号：09132/P92
版本号：09133/P110
版本号：09134/P117
版本号：09135/P111
版本号：09136/P112
版本号：09137/P117
版本号：09138/P111
版本号：09139/P118
版本号：09140/P118
版本号：09141/P118
版本号：09142/P119
版本号：09143/P99
版本号：09144/P119
版本号：09145/P106
版本号：09146/P116
版本号：09147/P119
版本号：09148/P120

SECTION 3 /P123

版本号：07121 /P185
版本号：07122 /P189
版本号：07125 /P186
版本号：07126 /P181
版本号：07127 /P189
版本号：07131 /P196
版本号：07132 /P193
版本号：07134 /P182
版本号：07135 /P187
版本号：07137 /P179
版本号：07138 /P176
版本号：07139 /P177
版本号：07141 /P186
版本号：07142 /P185
版本号：07143 /P198
版本号：07145 /P184
版本号：07147 /P198
版本号：07148 /P182
版本号：08101 /P198
版本号：08102 /P199
版本号：08103 /P198
版本号：08104 /P199
版本号：08106 /P197
版本号：08107 /P190
版本号：08108 /P199
版本号：08109 /P200
版本号：08110 /P200
版本号：08111 /P200
版本号：08112 /P191
版本号：08113 /P177
版本号：08114 /P201
版本号：08115 /P193
版本号：08116 /P187
版本号：08117 /P195
版本号：08118 /P190
版本号：08119 /P197
版本号：08120 /P201
版本号：08121 /P201
版本号：08122 /P187
版本号：08123 /P188
版本号：08124 /P191
版本号：08125 /P201
版本号：08126 /P189
版本号：08127 /P179
版本号：08128 /P189
版本号：08129 /P198
版本号：08130 /P202
版本号：08131 /P202
版本号：08132 /P203
版本号：08134 /P203
版本号：08135 /P203
版本号：08136 /P194
版本号：08137 /P204
版本号：08138 /P190
版本号：08139 /P188
版本号：08140 /P204
版本号：08141 /P201
版本号：08142 /P190
版本号：08143 /P189
版本号：08144 /P204
版本号：08145 /P198
版本号：08146 /P196
版本号：08147 /P195
版本号：08148 /P178
版本号：09101 /P205
版本号：09102 /P189
版本号：09103 /P205
版本号：09104 /P205
版本号：09105 /P206
版本号：09106 /P206
版本号：09107 /P200
版本号：09108 /P206
版本号：09109 /P206
版本号：09110 /P190
版本号：09111 /P186
版本号：09112 /P207
版本号：09113 /P196
版本号：09114 /P207
版本号：09117 /P202
版本号：09118 /P201
版本号：09119 /P206
版本号：09120 /P203
版本号：09121 /P208
版本号：09123 /P208
版本号：09124 /P182
版本号：09125 /P193
版本号：09126 /P202
版本号：09127 /P177
版本号：09128 /P208
版本号：09129 /P192
版本号：09130 /P209
版本号：09131 /P197
版本号：09132 /P209
版本号：09133 /P209
版本号：09134 /P210
版本号：09135 /P201
版本号：09136 /P210
版本号：09137 /P210
版本号：09138 /P210
版本号：09139 /P200
版本号：09140 /P211
版本号：09141 /P211
版本号：09142 /P209
版本号：09143 /P204
版本号：09144 /P199
版本号：09145 /P208
版本号：09146 /P182
版本号：09147 /P198
版本号：09148 /P212

雅思听力考试题库机经版本一览表

Version Number	Section One	Section Two	Section Three	Section Four
21	学生讨论准备开期末联欢派对	澳洲大学介绍	两个女生向另一女生讨教学习经验	关于企业犯罪
22	预约看病	澳大利亚某地旅游介绍	关于三种广告类型的讨论	天文学讲座
23	老人被抢劫，警方询问目击者	学校资源介绍	莱特兄弟发明飞机	树对环境的影响
24	关于新学校及其住宿情况的讨论	四个动物园情况比较	对三个学生的访谈	牛津大学和剑桥大学的比较
25	男女生聊天，介绍各自家庭情况	关于学生如何节省开支的讲座	一对艺术系的学生商量如何录制一档录像节目	关于英国土地3年轮作制度的历史变革及发展轨迹讲座
26	男女关于工作面试的对话	幼儿园介绍	一个老师给一对男女生有关学习的建议	大学新建建筑物选址的优缺点
27	日本女孩向学校咨询有关住宿问题	关于去Eznia旅游的介绍	师生关于“购物习惯”所做市场调查的讨论	大学新生入学系列讲座之学习计划安排
29	两个学生关于学校广播电台活动开展的讨论	一个计算机年会的会议日程	女留学生和以前的老师聊关于在海外学习的情况	Aztec族的考古成果
30	向同学咨询去国外旅游的注意事项	海外学生可能遇到的问题及学校提供相关服务帮助的讲座	两个女生和一个男生听完讲座后在咖啡馆讨论如何学习记笔记	心理治疗师介绍新的治疗方法
31	新房客和旧房客的聊天对话	一个男人讲述他的平凡一天	两学生讨论做课堂陈述的准备工作及内容	有关健康生活的人们脉搏跳动频率的讲座
32	悉尼音乐节	医生给病人诊断开处方	日本女生及印度男生和男导师讨论准备做课堂陈述	人口迁徙与语言发展
33	女生向男生交待住宿情况	农场介绍	三个学生讨论作业	一个原始部落的考古研究
34	两个学生租房子	英国一所学校新生入学介绍	询问选修课程	一个教授讲述猎鹰的情况
35	男女生在咖啡馆讨论旅游行程计划	大学教育展	师生间关于论文延期、推荐书目及作业的讨论	关于孩子智力成长及其影响因素的调查结果汇报
36	女生租房	一年一度的“仲夏艺术节”节目介绍	南极条约	澳洲鲨鱼生活习性介绍
37	告别派对的安排	健康俱乐部负责人的演讲	教授指导学生选校以及介绍学校的日常课程和规定	介绍澳大利亚的5个环境问题

38	关于学生找兼职工作的对话	旅游注意事项	关于对幼儿园小孩做实验的讨论	一个女教师介绍改进后的教学方 法
39	为更换坏CD电话填表格	自动应答电话介绍旅游项目	关于足球裁判课程的讨论	新西兰剪羊毛工人工资的合理性
40	学生关于学校组织的旅游景点参观咨询	导游带队参观改建后的公园	老师帮助回到学校重新充电的男士选课	男女寿命差别及男人健康讲座
41	向留学生介绍寄宿家庭的基本情况	公路、铁路、轮渡的交通堵塞	男女生关于新旧车比较及安全问题调查	如何填写申请保健调查表格的讲座
66	学生要求索赔（冲洗）丢失的胶卷	给留学生介绍英国租房情况	学生关于课程选择的讨论	如何选择建筑材料的讲座
67	印度女孩儿租房	关于摄影和电影的发展史讲座	关于电影拍摄的选题	女士介绍学校课程及设施的情况
68	关于参加慈善演出之事	参观城市，介绍游船和沿线的景点	参加电脑培训的场景	麻风病的流传与预防讲座
69	两人讨论在图书馆中看录像的事情	介绍假期的业余工作	讨论会议安排和具体行程	关于去非洲纳米比亚的实习课程介绍
70	去农庄旅游事宜的咨询	介绍学校的情况和申请过程	四个学生讨论生物学课程内容	关于夜班工人的健康问题讲座
71	女生住宿申请咨询	为慈善募捐徒步旅行	师生关于选择专业、导师等的讨论	关于未来城市能源紧缺问题的讲座
20023	男子打电话给保险公司，咨询车险的事情	关于学生服务设施的介绍	日本女生及印度男生和男导师讨论准备做课堂陈述	关于昆虫的好处、坏处及害虫防治的讲座
30014	预定电影座位	学校图书馆服务介绍	宾馆犯罪	学校引进新的教学方法报告
30015	学生预约看医生	关于学生服务设施的介绍	女士工作后回学校进修，咨询有关图书馆的使用情况	关于伦敦的地下情况
30018	男生订机票办打折卡	学校图书馆服务介绍	一名助残组织工作人员的日常生活和工作	关于澳大利亚水资源问题的讲座
30019	邮局邮寄东西咨询	国家艺术中心介绍	男女生讨论电视节目的制作流程	罗斯福总统的政绩
30020	电话咨询工作面试	旅游景点的介绍	女学生和教授谈求职注意事项	罗斯福总统的政绩
30032	母亲打电话咨询孩子转学的事情	参观城市，介绍游船和沿线的景点	学生就校园不同设施存在问题的调查结果及改良方案做课题汇报的讨论	关于英国家庭废物回收利用问题的讲座
30033	男子电话咨询旅游订房服务	参观城市，介绍游船和沿线的景点	男女生讨论教授对课堂陈述的要求	印度妇女创业
30034	男人打电话向搬家公司索赔弄坏的东西	参观城市，介绍游船和沿线的景点	学生询问选题汇报时间、所需材料及内容	澳洲一土著公园管理的介绍

30036	租车对话	参观城市，介绍游船和沿线的景点	学生对学校有关人员就学生日常花费调查的访谈节目	公司的营销策略和经营项目
30037	警察询问女士家被盗情况	参观城市，介绍游船和沿线的景点	阅读习惯调查访谈报告	第一艘蒸汽船的诞生过程
30038	女生询问如何使用图书馆	一个新剧本的剧情介绍	学生关于某旅游地环境改变情况的讨论	麻风病的流传与预防讲座
30039	男士打电话向中介询问租房子的情况	一个小型慈善组织介绍	学生要做关于再循环调查采访，预约采访相关人员	麻风病的流传与预防讲座
30040	学生要求索赔（冲洗）丢失的胶卷	一个花园的介绍	学生关于课程选择的讨论	海洋生物生态循环介绍
30041	学生要求索赔（冲洗）丢失的胶卷	学校概况介绍	学生关于课程选择的讨论	蜂的发展介绍
30042	一位父亲咨询为孩子开派对的相关事宜	给留学生介绍英国租房情况	两个学生向导师汇报所做的市场策略调研课题	女生关于澳洲一座旧矿山的课题汇报
30043	悉尼音乐节	给留学生介绍英国租房情况	老师讨论课程设置和教学方法	有关动物、昆虫等在城市、农村生存环境对比的调研报告
30044	交通情况电话咨询	失眠产生的原因和解决的办法	女学生和导师谈论作业、实验汇报及选课事宜	如何选择建筑材料的讲座
30045	女生向已住房客咨询房屋基本情况	对市场上三种儿童床的评估	男女生讨论大学对比	声波捕鱼
30049	野营咨询	一个藏有蒸汽时代交通工具博物馆的介绍	讨论鸟的迁徙和进化后不会飞的鸟	如何选择建筑材料的讲座
30058	询问女生过去的学习情况	给留学生介绍英国租房情况	女生与导师讨论论文，希望老师给予指导并推荐相关书目	声波捕鱼
30059	学生要求索赔（冲洗）丢失的胶卷	服装行业招聘	两个学生关于成人学生学习情况调查汇总	埃及亚历山大图书馆介绍
30060	向新员工介绍办公室布局及一周安排	给留学生介绍英国租房情况	男教师向女教师讨教如何制作课程介绍手册	非洲鳄鱼的生活习性
30061	女士打电话订购家具	澳大利亚一城市市容改革游泳池和儿童游乐场介绍	学生关于课程选择的讨论	女博士介绍海洋生物研究所工作的情况
30062	学生要求索赔（冲洗）丢失的胶卷	维多利亚女王博物馆介绍	一位进修的男学生将来要从事教学工作，与职业指导官探讨自己现在所面临的困惑	报纸印刷流程
30064	银行电话咨询	一所老房子博物馆	两个学生关于自主创业优缺点的课题调查结果讨论	女士介绍学校课程及设施的情况

30072	女士与搬家公司谈有关搬家事宜	给留学生介绍英国租房情况	女生因去看病错过了教学安排课，向导师询问分组所要做的课题安排	琥珀形成过程讲座
30074	向警察局咨询办理驾照事宜	给留学生介绍英国租房情况	课程选择咨询介绍	关于脂肪及其替代品的讲座
30076	母亲打电话为女儿咨询绘画比赛情况	给留学生介绍英国租房情况	有关昆虫的参考书目介绍	有关松树的调查研究
30078	男子要旅行，咨询住宿预订和博物馆情况	学生会介绍	有关昆虫的参考书目介绍	电动汽车的发展及对环境影响的介绍
30079	告别派对饭店预定	给留学生介绍英国租房情况	学生讨论不同种类的鲸	自行车发展史的介绍
30080	坐火车行李丢失，在失物招领处填写表格	冰壶运动介绍	学生讨论不同种类的鲸	如何选择建筑材料的讲座
30081	学生登记做兼职工作	关于一个科学中心的介绍	两个学生关于自主创业优缺点的课题调查结果讨论	网瘾的原因及影响
30083	打电话买旧家具	介绍一个作家的故居	学生讨论卫星定位海底物品	有关调味品味精的介绍
30085	学生要求索赔（冲洗）丢失的胶卷	旅游公司介绍关于独木舟旅行	学生关于音乐对人们进食影响的调查	伦敦东区的发展史介绍
30086	绘画课程咨询	一年一度的长跑比赛	男生缺课向女生讨教要交的作业	有关调味品味精的介绍
30090	男子要旅行，咨询住宿预订和博物馆情况	有关恐龙博物馆	学生向导师咨询三门考古专业课程	新西兰儿童健康情况研究报告
40101	男子打电话给保险公司，咨询车险的事情	旅游景点的介绍	女学生与男导师关于学习方法的对话	有关动物的研究报告
40102	女生订机票	介绍假期的业余工作	宾馆犯罪	关于孩子智力成长及其影响因素的调查结果汇报
40103	日本女孩向学校咨询有关住宿问题	警察做有关校园安全问题的讲座	女生与导师讨论论文，希望老师给予指导并推荐相关书目	关于昆虫的好处、坏处及害虫防治的讲座
40104	预定电影座位	学校租车、停车事宜	学生讨论业余体育培训课程	关于夜班工人的健康问题讲座
40105	两个学生租房子	一个计算机年会的会议日程	两学生讨论做课堂陈述的准备工作及内容	关于男女不同理财观念的讲座
40106	俱乐部会员资格注册	地理位置介绍	莱特兄弟发明飞机	关于未来城市能源紧缺问题的讲座
40108	学生要求索赔（冲洗）丢失的胶卷	足球俱乐部介绍	日本女生及印度男生和男导师讨论准备做课堂陈述	关于去非洲纳米比亚的实习课程介绍

40109	度假时委托邻居照看家	学生向导师汇报课题	一名助残组织工作人员的日常生活和工作	关于澳大利亚水资源问题的讲座
40110	印度女孩儿租房	关于纤维材料的对比介绍	图书馆布局介绍	女士介绍学校课程及设施的情况
40112	悉尼音乐节	介绍假期的业余工作	男女生讨论学术报告的提纲结构	海外学生英语学习方面的研究报告
40113	邮局邮寄东西咨询	国家艺术中心介绍	男女生讨论电视节目的制作流程	男女寿命差别及男人健康讲座
40114	去农庄旅游事宜的咨询	给留学生介绍英国租房情况	女学生和教授谈求职注意事项	关于伦敦的地下情况
40116	日本女孩向学校咨询有关住宿问题	警察做有关校园安全问题的讲座	女生与导师讨论论文，希望老师给予指导并推荐相关书目	关于昆虫的好处、坏处及害虫防治的讲座
40121	老人被抢劫，警方询问目击者	家族饭店介绍	两个学生向一女生讨教学习经验	澳洲鲨鱼生活习性介绍
40123	悉尼音乐节	国家艺术中心介绍	莱特兄弟发明飞机	不同公司企业文化管理风格特点
40201	男子打电话给保险公司，咨询车险的事情	一个男人讲述他的平凡一天	学生就校园不同设施存在问题的调查结果及改良方案做课题汇报的讨论	关于昆虫的好处、坏处及害虫防治的讲座
40202	女生订机票	失眠产生的原因和解决的办法	女生与导师讨论论文，希望老师给予指导并推荐相关书目	关于男女不同理财观念的讲座
40203	日本女孩向学校咨询有关住宿问题	关于纤维材料的对比介绍	男女生讨论学术报告的提纲结构	新西兰剪羊毛工人工资的合理性
40205	两个学生租房子	新开张的运动商城介绍	关于作业的讨论	关于昆虫的好处、坏处及害虫防治的讲座
40206	学生预约看医生	学校租车、停车事宜	老师帮助回到学校重新充电的男士选课	关于未来城市能源紧缺问题的讲座
40208	打电话咨询工作面试	介绍假期的业余工作	师生关于选择专业、导师等的讨论	关于伦敦的地下情况
40211	男生订机票办打折卡	旅游景点的介绍	女学生和教授谈求职注意事项	男女寿命差别及男人健康讲座
40213	男子打电话给保险公司，咨询车险的事情	关于摄影和电影的发展史讲座	四个学生讨论生物学课程内容	不同公司企业文化管理风格特点
40214	去农庄旅游事宜的咨询	给留学生介绍英国租房情况	宾馆犯罪	关于澳大利亚水资源问题的讲座
40215	打电话咨询工作面试	一个计算机年会的会议日程	男女生讨论电视节目的制作流程	介绍澳大利亚的五个环境问题
40216	印度女孩儿租房	警察做有关校园安全问题的讲座	两学生讨论做课堂陈述的准备工作及内容	关于夜班工人的健康问题的讲座

50101	咨询培训课程	旅游注意事项	男女生讨论学术报告的提纲结构	女生关于澳洲一座旧矿山的课题汇报
50102	一位父亲咨询为孩子开派对的相关事宜	为慈善募捐徒步旅行	师生关于“购物习惯”所做市场调查的讨论	关于未来城市能源紧缺问题
50103	男女关于工作面试的对话	国家艺术中心介绍	男女生关于新旧车比较及安全问题调查	澳洲一土著公园管理介绍
50105	男女关于工作面试的对话	国家艺术中心介绍	男女生关于新旧车比较及安全问题调查	澳洲一土著公园管理介绍
50106	男生打电话咨询饭店求职事宜	失眠产生的原因和解决的办法	关于足球裁判课程的讨论	关于孩子智力成长及其影响因素的调查结果汇报
50108	男人打电话向搬家公司索赔弄坏的东西	健康俱乐部负责人的演讲	女生与导师讨论论文，希望老师给指导并推荐相关书目	公司的营销策略和经营项目
50109	女生向男生交待住宿情况	介绍一个学生职介机构	男教授与男女学生关于语言学习问题的讨论	女士介绍学校课程及设施的情况
50110	警察询问女士家被盗情况	小镇冬季旅游节	阅读习惯调查访谈报告	心理治疗师介绍新的治疗方法
50112	预定电影座位	导游带队参观改建后的公园	学生对学校有关人员就学生日常花费调查的访谈节目	关于墨尔本申奥
50113	男子打电话给保险公司，咨询车险的事情	一个计算机年会的会议日程	两个学生向导师汇报所做的市场策略调研课题	有关动物、昆虫等在城市农村生存环境对比的调研报告
50114	度假时委托邻居照看家	一个地产公司的广告	教授指导学生选校以及介绍学校的日常课程和规定	Aztec族的考古成果
50116	学生预约看医生	学校设施建设	学生和导师谈论作业、实验汇报及选课事宜	古代时间测量方法
50118	两个学生租房子	澳洲淘金热	阅读习惯调查访谈报告	海外学生英语学习方面的研究报告
50121	学生预约看医生	学校图书馆服务介绍	关于足球裁判课程的讨论	古代时间测量方法
50124	打电话咨询工作面试	一个男人讲述他的平凡一天	学生与导师关于学习方法的对话	男女寿命差别及男人健康讲座
50126	印度女孩儿租房	小镇冬季旅游节	男女生讨论学术报告的提纲结构	关于夜班工人的健康问题讲座
50127	邮局邮寄东西咨询	一个计算机年会的会议日程	男教授与男女学生关于语言学习问题的讨论	关于昆虫的好处、坏处及害虫防治的讲座
50130	女生住宿申请咨询	大学汽车俱乐部	图书馆布局介绍	女士介绍学校课程及设施的情况

一览表

50131	去农庄旅游事宜的咨询	新开张的运动商城介绍	莱特兄弟发明飞机	关于男女不同理财观念的讲座
50133	向同学咨询去国外旅游的注意事项	学校设施建设	学生要做关于再循环调查采访，预约采访相关人员	海洋生物生态循环介绍
50134	两人讨论在图书馆中看录像的事情	英国一学校新生入学介绍	学生关于某旅游地环境改变情况的讨论	木星及其附属4个卫星的介绍
50137	交通情况电话咨询	为慈善募捐徒步旅行	学生询问选题汇报时间、所需材料及内容	男女寿命差别及男人健康讲座
50139	两人讨论在图书馆中看录像的事情	英国一学校新生入学介绍	学生关于某旅游地环境改变情况的讨论	木星及其附属四个卫星的介绍
50147	俱乐部会员资格注册	一个地产公司的广告	跨国公司调查结果通报	心理治疗师介绍新的治疗方法
50233	租车对话	介绍一个学生职介机构	询问选修课程	有关化石种类形成过程及采集方法的讲座
50301	向留学生介绍寄宿家庭的基本情况	关于摄影和电影的发展史讲座	女生与导师讨论论文，希望老师给指导并推荐相关书目	大学新生入学系列讲座之学习计划安排
06101	女士与搬家公司谈有关搬家事宜	一个非赢利艺术机构的介绍	关于三种广告类型的讨论	女博士介绍海洋生物研究所工作的情况
06102	女生向男生交待住宿情况	健康俱乐部负责人的演讲	有关昆虫的参考书目介绍	英法合建海底隧道
06103	有关电话购物	小镇冬季旅游节	学生就校园不同设施存在问题的调查结果及改良方案做课题回报的讨论	大学新生入学系列讲座之学习计划安排
06106	交通情况电话咨询	主题公园介绍	学生询问选题汇报时间、所需材料及内容	关于澳大利亚水资源问题的讲座
06108	为更换坏CD电话填表格	保护沼泽地俱乐部介绍	女学生向男导师汇报有关伦敦西区论文写作情况	如何填写申请保健调查的表格
06109	男女关于工作面试的对话	保护沼泽地俱乐部介绍	学生就校园不同设施存在问题的调查结果及改良方案做课题回报的讨论	琥珀形成过程讲座
06110	儿子给父亲买轮椅的事	关于岩洞的旅游介绍	询问选修课程	女生关于澳洲一座旧矿山的课题汇报
06111	男子电话咨询旅游订房服务	为慈善募捐徒步旅行	跨国公司调查结果通报	如何做讲座陈述
06113	去农庄旅游事宜的咨询	青年旅馆的情况介绍	师生关于“购物习惯”所做市场调查的讨论	体育课的好处
06114	日本女孩向学校咨询有关住宿问题	一个摇滚音乐节的安排及介绍	一个老师给一对男女生有关学习的建议	非洲鳄鱼的生活习性

06119	询问女生过去的学习情况	旅游注意事项	南极条约	不同公司企业文化管理风格特点
06120	租车对话	介绍一个学生职介机构	询问选修课程	化石保护
06121	对邻居的噪声的抱怨	一个地产公司的广告	图书馆布局介绍	关于昆虫的好处、坏处及害虫防治的讲座
06124	俱乐部会员资格注册	新开张的运动商城介绍	两个学生向导师汇报所做的市场策略调研课题	如何填写申请保健调查表格的讲座
06125	关于学生找兼职工作的对话	有关红松鼠的摄影介绍	男女生讨论电视节目的制作流程	大学新生入学系列讲座之学习计划安排
06126	男子电话咨询旅游订房服务	一个新剧本的剧情介绍	阅读习惯调查访谈报告	澳洲一土著公园管理的介绍
06130	向同学咨询去国外旅游的注意事项	警察做有关校园安全问题的讲座	导师给女生讲解她的论文的不足以及正确准备论文的步骤	木星及其附属四个卫星的介绍
06134	女士搬家后希望在健康中心注册聘请私人医生	公路、铁路、轮渡的交通堵塞	一女生要求换课以及学习中碰到的问题和对策	心理治疗师介绍新的治疗方法
06136	男人打电话向搬家公司索赔弄坏的东西	一个计算机年会的会议日程	法律系学生办手续填写表格	非洲鳄鱼的生活习性
06138	有关电话购物	一个新剧本的剧情介绍	四个学生讨论生物学课程内容	女士介绍学校课程及设施的情况
06139	银行电话咨询	旅游注意事项	男女生讨论学术报告的提纲结构	有关动物的研究报告
06140	银行电话咨询	旅游注意事项	关于足球裁判课程的讨论	如何选择建筑材料的讲座
06141	旅游度假咨询	主题公园介绍	日本来访者研讨及其旅游参观安排	关于孩子智力成长及其影响因素的调查结果汇报
06142	野营咨询	介绍小岛旅游	学生与导师关于学习方法的对话	化石保护
06144	废物回收	公路、铁路、轮渡的交通堵塞	男女生讨论学术报告的提纲结构	印度妇女创业
06146	音像店布局及其情况介绍	失眠产生的原因和解决的办法	男教师向女教师讨教如何制作课程介绍手册	第一艘蒸汽船的诞生过程
06148	女生订机票	旅游景点的介绍	学生要做关于再循环调查采访，预约采访相关人员	男士关于郊区发展的介绍
06316	男人打电话向搬家公司索赔弄坏的东西	一个计算机年会的会议日程	法律系学生办手续填写表格	非洲鳄鱼的生活习性
06319	男子打电话给保险公司，咨询车险的事情	关于纤维材料的对比介绍	莱特兄弟发明飞机	古代时间测量方法

07101	废物回收	幼儿园介绍	学生讨论不同种类的鲸	第一艘蒸汽船的诞生过程
07102	母亲打电话咨询孩子转学的事情	维多利亚女王博物馆介绍	师生商量因伤落课的补课事宜	琥珀形成过程讲座
07104	男生与职介中心的女工作人员电话对话，介绍几种不同的工作对比	给留学生介绍英国租房情况	师生商量因伤落课的补课事宜	电动汽车的发展及对环境影响的介绍
07106	退换蒸汽锅	广播寻找志愿工作者	两个学生关于自主创业优缺点的课题调查结果讨论	商学院学生课外实习要求
07107	女生询问如何使用图书馆	房屋广告布局及优缺点	阅读习惯调查访谈报告	如何填写申请保健调查表格的讲座
07109	关于电话安装使用费用咨询	介绍一个学生职介机构	两个学生和导师讨论在公司实习的事情	男士关于郊区发展的介绍
07111	咨询不同健康中心诊所位置优势对比	一个摇滚音乐节的布局及介绍	有关昆虫的参考书目介绍	多媒体网络技术对图书馆管理影响的讲座
07112	野营咨询	健康俱乐部负责人的演讲	学生向导师咨询三门考古专业课程	关于鱼油的介绍
07114	打电话修理冰箱	一家连锁饭馆介绍	图书馆布局介绍	关于澳大利亚水资源问题的讲座
07116	电话咨询工作面试	介绍一个艺术展	一女生要求换课以及学习中碰到的问题和对策	女博士介绍海洋生物研究所工作的情况
07118	两个学生租房子	澳洲淘金热	关于阅读习惯	海外学生英语学习方面的研究报告
07119	男生打电话咨询饭店求职事宜	澳大利亚一城市市容改革游泳池和儿童游乐场介绍	一女生要求换课以及学习中碰到的问题和对策	一个原始部落的考古研究
07121	向警察局咨询办理驾照事宜	关于岩洞的旅游介绍	学生对学校有关人员就学生日常花费调查的访谈节目	海洋生物生态循环介绍
07122	母亲打电话咨询孩子转学的事情	关于去Eznia旅游的介绍	男女生关于新旧车比较及安全问题调查	有关松树的调查研究
07125	女士与搬家公司谈有关搬家事宜	小镇冬季旅游节	男女生讨论教授对课堂陈述的要求	蜂的发展介绍
07126	警察询问女士家被盗情况	一所老房子博物馆的介绍	两个学生向导师汇报所做的市场策略调研课题	关于未来城市能源紧缺问题的讲座
07127	废物回收	给留学生介绍英国租房情况	女生因去看病错过了教学安排课，向导师询问分组所要做的课题安排	关于脂肪及其替代品的讲座

07131	邮局邮寄东西咨询	一个藏有蒸汽时代交通工具博物馆的介绍	导师给女生讲解她论文的不足以及正确地准备论文的步骤	如何做讲座陈述
07132	男生与职介中心的女工作人员电话对话，介绍几种不同的工作对比	学校概况介绍	女生因去看病错过了教学安排课，向导师询问分组所要做的课题安排	不同公司企业文化管理风格特点
07134	告别派对饭店预定	动物园工作人员作动物相关知识讲座	在墨西哥沙漠调研实习的介绍	学校引进新的教学方法报告
07135	男生房屋保险	介绍西班牙旅游	女生因去看病错过了教学安排课，向导师询问分组所要做的课题安排	非洲鳄鱼的生活习性
07137	学生与音乐老师电话交谈	关于一个科学中心的介绍	两个学生向导师汇报所做的市场策略调研课题	如何选择建筑材料的讲座
07138	男女关于工作面试的对话	孩子家长活动介绍	男女学生和导师讨论论文写作	关于孩子智力成长及其影响因素的调查结果汇报
07139	坐火车行李丢失，在失物招领处填写表格	国家公园介绍	男女生讨论电视节目的制作流程	介绍澳大利亚的五个环境问题
07141	两名男学生合租房子	向家长介绍小学校情况	男女生讨论学术报告的提纲结构	有关动物、昆虫等在城市、农村生存环境对比的调研报告
07142	旅游调查	学生足球俱乐部介绍	女生与导师讨论论文，希望老师给指导并推荐相关书目	海洋生物生态循环介绍
07143	女士租房咨询	主题公园介绍	学生询问选题汇报时间、所需材料及内容	成功的商业运作模式讲座
07145	打电话买旧家具	有关恐龙博物馆	男女生关于新旧车比较及安全问题调查	澳洲一土著公园管理的介绍
07147	退换蒸汽锅	保护沼泽地俱乐部介绍	学生对学校有关人员就学生日常花费调查的访谈节目	介绍国家公园地图绘制情况
07148	女士致电保险公司索赔房屋财产	一个新剧本的剧情介绍	男学生从化学专业换到工程学专业	关于澳大利亚水资源问题的讲座
08101	为参观海洋馆订票	活动组织介绍	导师给女生讲解她论文的不足以及正确准备论文的步骤	商业道德发展史
08102	废物回收	有关就业课程的介绍	关于足球裁判课程的讨论	关于澳洲达尔文和阿德莱德之间的铁路
08103	女士致电保险公司索赔被风吹坏的窗户	大学校园设施地图	女生向导师请教做有关一个建筑物历史的课题	介绍国家公园地图绘制情况

08104	银行电话咨询	旅游景点的介绍	课程选择咨询介绍	关于香水的历史介绍
08106	学生与音乐老师电话交谈	野生动物园介绍	学生就校园不同设施存在问题的调查结果及改良方案做课题汇报的讨论	关于鱼油的介绍
08107	打电话修理冰箱	女士有关小岛旅游来信问题建议及旅游交通工具的对比介绍	三个同学讨论两所大学的课程	网瘾的原因及影响
08108	男生与职介中心的女工作人员电话对话，介绍几种不同的工作对比	旅游景点的介绍	男教师向女教师讨教如何制作课程介绍手册	非洲游牧部落的变迁
08109	男士打电话给报社，登广告卖用过的电脑桌	介绍西班牙旅游	有关昆虫的参考书目介绍	学习研究的项目介绍
08110	退换蒸汽锅	旅游注意事项	男女学生和导师讨论论文写作	辣椒的用途
08111	女士让他人来整理新家	主题公园介绍	讨论会计和日语课程安排及学习问题	孩子未来教育的发展方向
08112	预定酒店开party	动物园工作人员做动物相关知识讲座	男女生和教授讨论对比南非生态旅游和传统旅游	新西兰儿童健康情况研究报告
08113	安排酒店接待	冰壶运动介绍	学生关于音乐对人们进食影响的调查	介绍澳大利亚的五个环境问题
08114	男女生关于网上购物的聊天对话	介绍一个新的图书馆	师生三人讨论SUV车的调查	热带水果
08115	坐公交车丢失行李，填报失单	绘画方位介绍	在墨西哥沙漠调研实习的介绍	海外学生英语学习方面的研究报告
08116	咨询不同健康中心诊所位置优势对比	一个培训学校的介绍	师生关于过去一年的进步和未来一年的计划的讨论	埃及亚历山大图书馆介绍
08117	向留学生介绍寄宿家庭的基本情况	介绍一个新的图书馆	学生和导师谈论作业、实验汇报及选课事宜	英法合建海底隧道
08118	男士办理信用卡	小镇冬季旅游节	两位老师讨论教学计划	网瘾的原因及影响
08119	学生讨论准备开期末联欢派对	关于岩洞的旅游介绍	学生关于音乐对人们进食影响的调查	商学院学生课外实习要求
08120	旅游度假咨询	农场果园对比介绍	学生关于课程选择的讨论	蜜蜂视力应用于人类的讲座
08121	警察询问女士家被盗情况	一所老房子博物馆的介绍	学生讨论不同种类的鲸	介绍土著人的绘画
08122	租房咨询对三套房源对比介绍	学校开放日活动介绍	两个学生与导师的有关网络调查讨论	埃及亚历山大图书馆介绍

08123	租车对话	澳洲大学介绍	学生要做关于再循环调查采访，预约采访相关人员	报纸印刷流程
08124	儿子给父亲买轮椅的事	所得税申报介绍	女学生和教授谈求职注意事项	新西兰儿童健康情况研究报告
08125	女生订机票	旅游景点的介绍	导师与学生讨论教学研究方法——观察法	介绍一个太阳能水净化系统
08126	男生打电话咨询饭店求职事宜	失眠产生的原因和解决的办法	在墨西哥调研实习的介绍	有关松树的调查研究
08127	男子电话咨询旅游订房服务	游园会介绍	日本来访者研讨及其旅游参观安排	女士介绍学校课程及设施的情况
08128	男人打电话向搬家公司索赔弄坏的东西	服装行业招聘	男生缺课向女生讨教要交的作业	关于脂肪及其替代品的讲座
08129	参加俱乐部	学校设施建设	法律系学生办手续填写表格	商业道德发展史
08130	交通情况电话咨询	一年一度的长跑比赛	女学生向男导师汇报有关伦敦西区论文写作情况	澳洲交通工具的发展
08131	男子打电话给保险公司，咨询车险的事情	学校图书馆服务介绍	课程选择咨询介绍	关于工程设计的讲座
08132	向警察局咨询办理驾照事宜	绘画方位介绍	学生关于某旅游地环境改变情况的讨论	一座建筑物的历史变化
08134	女士与搬家公司谈有关搬家事宜	给留学生介绍英国租房情况	学生讨论关于澳洲蜜蜂和亚洲蜜蜂对比的课题	一个城镇市场的发展史
08135	加入健身俱乐部	一个地产公司的广告	两位老师讨论教学计划	金属探测装置在考古方面的应用
08136	男士办理信用卡	一位女士介绍如何作简历面试的讲座	两个同学填写课程、教学设施评估表	古代时间测量方法
08137	看医生	旅游公司介绍关于独木舟旅行	学生向老师汇报男女生对比研究结果	波特兰水泥介绍
08138	男人购买烧烤工具，不同型号对比介绍	旧区改造介绍	男生缺课向女生讨教要交的作业	自行车发展史的介绍
08139	学生登记做兼职工作	到加拿大旅游参观	询问选修课程	报纸印刷流程
08140	一位父亲咨询为孩子开派对的相关事宜	介绍一个艺术展	男生和女生关于发动机设计的课题讨论	研究鲸和海豚自杀原因的讲座
08141	男生向当地旅游管理员咨询	农场果园对比介绍	学生向导师咨询三门考古专业课程	蜜蜂视力应用于人类的讲座

一览表

08142	女士买冰，箱对比不同品牌	一年一度的长跑比赛	男女生讨论教授对课堂陈述的要求	电动汽车的发展及对环境影响的介绍
08143	男士咨询租房服务	公路、铁路、轮渡的交通堵塞	导师与学生讨论教学研究方法——观察法	有关松树的调查研究
08144	女士搬家后希望在健康中心注册聘请私人医生	一个动物园中北极熊生活习性的介绍	男女生讨论学术报告的提纲结构	超市货品摆放布局
08145	女士给女儿到学校报名	汇演活动节目介绍	一女生要求换课以及学习中碰到的问题和对策	成功的商业运作模式讲座
08146	音乐老师与家长关于选课意向、课程时间调整等的电话对话	环保及垃圾回收问题	男教授与男女学生关于语言学习问题的讨论	男士关于郊区发展的介绍
08147	女生向男生交待住宿情况	植树的好处与坏处	学生询问选题汇报时间、所需材料及内容	英法合建海底隧道
08148	女士房屋保险咨询	介绍不同电视节目类型及评价	一女生和一男生讨论关于公司机构的论文	男女寿命差别及男人健康讲座
09101	女士给女儿到学校报名	关于一个商场的广告推广	学生就校园不同设施存在问题的调查结果及改良方案做课题汇报的讨论	一个女学生介绍关于13世纪的乡下生活
09102	预定酒店开party	介绍不同电视节目类型及评价	一女生去酒店打工然后要做演讲汇报，与同学的对话	关于脂肪及其替代品的讲座
09103	澳洲旅行咨询	三个节日推荐活动介绍	导师与学生讨论教学研究方法——观察法	介绍一个纽约的摄影师
09104	咨询如何寄包裹到美国	对书店设施位置的介绍	两个学生关于成人学生学习情况调查汇总	地图的发展史
09105	一个女士从新西兰到澳大利亚来工作	垃圾桶的分类及使用	两个学生与导师的有关网络调查讨论	关于人们对医疗体系意见的调查
09106	女生兼职面试	工厂实践介绍	讨论会计和日语课程安排及学习问题	计算机对教育的影响
09107	坐公交车丢失行李，填报失单	关于一个野生动物志愿者组织的介绍和活动安排	男女生讨论教授对课堂陈述的要求	学习研究的项目介绍
09108	关于社区居住环境的调查	介绍三个艺术家的兴趣爱好	两个学生和导师讨论在公司实习的事情	英国传统的纺织业
09109	电影俱乐部会员咨询	有关恐龙博物馆	在墨西哥沙漠调研实习的介绍	建筑作业要求
09110	一位女士打电话为旅游预定酒店房间	给实习生介绍酒店情况	三个同学讨论两所大学的课程	电动汽车的发展及对环境影响的介绍

09111	四种房源住宿情况对比	煤矿博物馆介绍	一女生要求换课以及学习中碰到的问题和对策	女生关于澳洲一座旧矿山的课题汇报
09112	一个女孩租的房子有问题，找到中介要修理	到加拿大旅游参观	学生向老师汇报男女生对比研究结果	对单性别学校和混合性别学校的研究
09113	报告活动内容情况介绍	动物园工作人员作动物相关知识讲座	一女生介绍她们制作的三种迷你火箭模型	体育课的好处
09114	音乐老师与家长关于选课意向、课程时间调整等的电话对话	介绍小岛旅游	两本被选教材的对比	介绍一个大学即将举办的交流会议
09117	男女关于展览情况的咨询介绍	澳洲机场检疫服务	男学生从化学专业换到工程学专业	关于工程设计的讲座
09118	告别派对饭店预定	卡通漫画展览	女学生向男导师汇报有关伦敦西区论文写作情况	介绍一个太阳能水净化系统
09119	旅游调查	三个节日推荐活动介绍	讨论新生入学注意事项及建议	关于人们对医疗体系意见的调查
09120	绘画课程咨询	一个旅游中心的负责人向新员工介绍公司情况	经济系女生因抵触统计学课程与导师探讨解决方案	一座建筑物的历史变化
09121	两名男学生合租房子	有关红松鼠的摄影介绍	女生做的一咖啡公司的调查报告分数不高，与老师探讨原因	鲨鱼研究调查
09123	野营咨询	有关恐龙博物馆	师生商量因伤落课的补课事宜	矿石开采的历史及矿灯的变迁
09124	参加俱乐部	孩子家长活动介绍	男女生讨论分工做课题汇报	关于澳大利亚水资源问题的讲座
09125	有关电话购物	学生足球俱乐部介绍	两个老师谈一本关于电脑对教学的影响的书	不同公司企业文化管理风格特点
09126	一位女士要找工作，向一位男士咨询工作情况	房屋广告布局及优缺点	男女生进行有关儿童健康饮料的市场调研，讨论每周完成方案	澳洲交通工具的发展
09127	安排酒店接待	冰壶运动介绍	学生关于音乐对人们进食影响的调查	介绍澳大利亚的5个环境问题
09128	预定电影座位	学校开放日活动介绍	女学生和教授谈求职注意事项	讲新产品的研发推广和顾客需求之间的关系
09129	旅游度假预订彩虹酒店	介绍三个艺术家的兴趣爱好	男女生关于新旧车比较及安全问题调查	有关动物的研究报告
09130	女生兼职面试	艺术馆介绍维多利亚女工博物馆介绍	女学生和导师谈论作业、实验汇报及选课事宜	关于大学生就业的分析

09131	四种房源住宿情况对比	国家公园介绍	老师讨论课程设置和教学方法	商学院学生课外实习要求
09132	一位女士请家政服务	关于一个科学中心的介绍	导师和两个学生讨论论文写作	水的储存
09133	女士电话咨询医生关于看眼睛的问题	旧区改造介绍	学校设施的评价改造	北美土著人住房的各种建筑风格及材料
09134	一家人从美国搬到澳大利亚需要租房子	防火注意事项	两个同学填写课程、教学设施评估表	关于沼泽地保护
09135	女士房屋保险咨询	汇演活动节目介绍	研究课题的优缺点对比	热带水果
09136	关于电话安装使用费用咨询	环保及垃圾回收问题	新生入学	黑猩猩的行为研究
09137	加入健身俱乐部	工作条件介绍	男生和女生关于发动机设计的课题讨论	本科生研究生小组学习
09138	举办宴会，三个酒店咨询对比	一个动物园中北极熊生活习性的介绍	风力发电的利用	无人驾驶汽车设计竞赛
09139	男士打电话向中介询问租房子的情况	如何节省汽车燃料消耗	男女生分工课题研究	辣椒的用途
09140	警察询问女士家被盗情况	加热器介绍	男女生做商业课题研究	有机农业
09141	男生向当地旅游管理员咨询	关于学校提供兼职工作	男生缺课向女生讨教要交的作业	某人开轮船公司的创业史
09142	男女生关于网上购物的聊天对话	节日活动安排介绍	化妆品研究讨论	关于大学生就业的分析
09143	预订旅游住宿	一个非赢利艺术机构的介绍	男女生讨论如何选课	超市货品摆放布局
09144	一位女士给主办方打电话，咨询比赛的相关情况	学前班课程介绍	学生讨论关于澳洲蜜蜂和亚洲蜜蜂对比的课题	关于澳洲达尔文和阿德莱德之间的铁路
09145	舞蹈课程咨询	有关就业课程的介绍	介绍一个学习中心	鲨鱼研究调查
09146	关于预订农场活动	一个旅游中心的负责人向新员工介绍公司情况	教授和学生讨论其缺课的内容	关于澳大利亚水资源问题的讲座
09147	为父亲庆祝生日，选择酒店，各种酒店的比较及准备工作	建立儿童花园的介绍	师生关于过去一年的进步和未来一年的计划的讨论	成功的商业运作模式讲座
09148	男人打电话向搬家公司索赔弄坏的东西	介绍博物馆的展览	讨论新生入学注意事项及建议	关于建设风力电站对鸟类生活的影响

一览表

注：雅思听力考试是一个大的题库，版本号（version number）指的是这套考题在题库中的代号，每一套考题都有一个相应的版本号。

SECTION 1

雅思听力的难度是分级别的，从Section 1到Section 4，难度逐级上升。而难度不同，考试任务也就不同。Section 1是保分，Section 2 & 3是争分，Section 4则是挑战。

Section 1——生存背景（Survival Context）

这部分听力涉及的内容是在国外生活的方方面面——食、住、行、乐、愁。通过现有的题库机经可以看到，考查的内容主要涉及了开派对、租房、旅游、找工作、银行、购物、咨询、看病、保险等话题。其中，租房和旅游场景最为常见：雅思听力只要是租房（renting），必定不离租金（rent）和设施（facilities），只要是旅游（travelling），就跟线路价格（tour price）和交通工具（transportation）脱不了干系。即使以后有新的版本题目内容添加，也会落在日常生活常见的几个方面这一基本范围之内。无论是新的场景，还是旧的场景，Section 1四大必考内容就是：时间、地点、人物和事件。时间即日期（date）、星期（day）和钟点（time）。地点体现在地址（address）、位置（site）和目的地（destination）。人物即是人名（name）、称谓（title）和身份（identity）。事件表现为，如护照延期（passport extension）、饮食偏好（dietary preference e.g. vegetarian）；账户选择（opening an account）；商品特点（commodity features）；开具处方（prescription）等等。所以备考时，只要准备全面，熟悉各场景考查的重点，再辅以机经词汇、背景，就足以应付了。

21=08119

26=50103=50105=06109=07138

30=50133=06130

33=50109=06102=08147

38=06125

41=50301=08117

67=40110=40216=50126

70=40114=40214=50131=06113

20023=40101=40201=40213=50113=06319=08131

30015=40206=50116=50121

30019=40113=50127=07131

30032=07102=07122

30034=50108=06136=06316=08128=09148

30037=50110=07126=08121=09140

30039=09139

30044=50137=06106=08130

30058=06119

30072=06101=07125=08134

30078=30090

30080=07139

30083=07145

40102=40202=06148=08125

40109=50114

06103=06138=09125

06134=08144

06144=07101=07127=08102

07106=07147=08110

07111=08116

07137=08106

07142=09119

08112=09102

08114=09142

08118=08136

08135=09137

08145=09101

08148=09135

09111=09131

23=40121

27=40103=40116=40203=06114

32=30043=40112=40123

34=40105=40205=50118=07118

39=06108

66=30040=30041=30059=30062=30085=40108

69=50134=50139

71=50130

30014=40104=50112=09128

30018=40211

30020=40208=40215=50124=07116

30033=06111=06126=08127

30036=50233=06120=08123

30038=07107

30042=50102=08140

30049=06142=07112=09123

30064=06139=06140=08104

30074=07121=08132

30079=07134=09118

30081=08139

30086=09120

40106=50147=06124

50106=07119=08126

06110=08124

06141=08120

07104=08108=07132

07109=09136

07114=08107

07141=09121

07148=08103

08113=09127

08115=09107

08129=09124

08141=09141

08146=09114

09106=09130

版本号：21=08119

话题背景	卷面识读词汇	答案拼写内容
学生讨论准备开期末联欢派对	poster 海报 item 项目	Groucho's（地点） 7pm 下午7点 £3 3英镑 decorations [ˌdekəˈreiʃns] *n.* 装饰品 snacks [snæks] *n.* 小吃 drinks [driŋks] *n.* 饮料 transport [trænˈspɔːt] *n.* 交通 map [mæp] *n.* 地图 common room 师生公共休息室 each classroom 每间教室

答案注意事项：

*Groucho's: 地点，专有名词，首字母大写，拼法应为g-r-o-u-c-h-o apostrophe s，apostrophe是"'"的意思。

版本号：22

话题背景	卷面识读词汇	答案拼写内容
预约看病	elbow 手肘 ankle 踝 neck 颈 postcode 邮编 occupation 职业	18 Kays Street（地址） 7338（邮编） 7901000（电话号码） 8657765（电话号码） waiter [ˈweitə] *n.* 侍者 his sister 他的姐姐（妹妹） 13th January, 1974 1974年1月13日

答案注意事项：

*Kays: 地址，专有名称，首字母K必须大写。

*January: 1月，月份是专有名称，首字母J必须大写。

版本号：23=40121

话题背景	卷面识读词汇	答案拼写内容
老人被抢劫，警方询问目击者	purse 钱包 cop 警察 distinguished 显著的 feature 特征 chin 下巴 curly 卷曲的	35 years old 35岁 slim [slim] *adj.* 苗条的 black [blæk] *n.* 黑色 scar [skɑː(r)] *n.* 伤疤

答案注意事项：

*英国大使馆样题，不会再考。

版本号：24

话题背景	卷面识读词汇	答案拼写内容
关于新学校及其住宿情况的讨论	terminal 终端 journal 期刊 disadvantage 劣势	bus time 公交车间隔时间 no big store 没有大商店 temperature of room 房间温度 share bathroom 与别人共用浴室 twice a week 一周两次 Tuesday ['tju:zdi] *n.* 周二 Wednesday ['wenzdi] *n.* 周三 fish [fiʃ] *n.* 鱼 765392（电话）
答案注意事项： *Tuesday: 周二，专有名词，首字母大写。 *Wednesday: 周三，专有名词，首字母大写。		

版本号：25

话题背景	卷面识读词汇	答案拼写内容
男女生聊天，介绍各自家庭情况	Greece 希腊 appearance 外貌 personality 个性 blond hair 金发 beautiful 美丽的 funny 有趣的 intelligent 有才智的	in1957 在1957年 railway worker 铁路工人 teacher ['ti:tʃə] *n.* 教师 one child 一个孩子 in1960 在1960年
答案注意事项： *railway: 铁路，是一个单词，注意单词拼写的准确度。 *one child: 一个孩子。这个答案在录音中并没有出现，题目问有几个孩子，录音提到it's the very first time I am the uncle, 于是得出one child这个答案。		

版本号：26=50103=50105=06109=07138

话题背景	卷面识读词汇	答案拼写内容
男女关于工作面试的对话	department store 百货商店 young set 青年组 vacation 休假 staff advantage 员工福利 perk 额外收入 discount 折扣 pension 退休金 shoplifter 商店扒手 stock 库存 name badge 胸章 Personnel Manager 人事经理	15 minutes 15分钟 the third year 第3年 the first Tuesday 第一个星期二 25%（员工内部购买折扣） Room 12 12号房间 Mrs. Weddell（人名） window dressing 橱窗布置 black skirt 黑裙子 red blouse 红衬衫

答案注意事项：

*the third year: 第3年，third year [θə:d] [jə:]注意连读。

*the first Tuesday: 第一个星期二，first Tuesday [fə:st] ['tju:zdi]注意连读。

*Room 12: 这个信息填写的是办公室地点，专有名词首字母R大写。

*Mrs. Weddell: 称谓及姓氏，专有名称，首字母M和W大写。

*black skirt: 黑裙子，注意不完全爆破语音现象。

*red blouse: 红衬衫，注意不完全爆破语音现象。

版本号：27=40103=40116=40203=06114

话题背景	卷面识读词汇	答案拼写内容
日本女孩向学校咨询有关住宿问题	home stay 住家 forename 名（在姓前的） surname 姓 smoker 吸烟者 drinker 酒徒 handball 手球 pet 宠物	Keiko Yuichini（人名） JO6337（护照号码） Advanced English 高级英语 5 weeks 5周 4 months 4个月 seafood *n.* 海鲜 tennis ['tenis] *n.* 网球 train [trein] *n.* 火车 this afternoon 今天下午

答案注意事项：

*JO6337: 护照号码，数字字母混合的信息，字母必须大写。

*Advanced English: 高级英语，课程名称，专有名词，首字母大写，且注意Advanced的拼写，须有ed。

*seafood: 海鲜，是一个单词，注意单词拼写的准确度。

版本号：29

话题背景	卷面识读词汇	答案拼写内容
两个学生关于学校广播电台活动开展的讨论	advertisment 广告 donation 捐赠 fund 资金 commercial 电视或电台广告 participant 参与者 conference 会议 sample 样本 unusual 与众不同的 various 多样的 competition 竞赛 interview 访谈 phone-in 听众可来电话的直播节目 current affairs 时事	Helen 海伦（人名） Kevin 凯文（人名） early December 12月上旬 design the timetable 制定时间表

答案注意事项：

*Helen和Kevin: 是人名，专有名称，首字母H、K必须大写。

*early December: 12月上旬中的early为程度限定，不能省去，且December为月份专有名称，D必须大写。

*timetable时间表，是一个单词，注意单词拼写的准确度。

版本号：30=50133=06130

话题背景	卷面识读词汇	答案拼写内容
向同学咨询去国外旅游的注意事项	injection 注射 vaccine 疫苗	7 days 7天 yellow fever 黄热病 mosquito net 蚊帐 chemist's 药店 walking boots 步行靴 US dollars 美元 credit card 信用卡 Plastic 塑料（光碟名） Silent Island 寂静的小岛（书名） Rainforest 雨林（录像带名）

答案注意事项：

*chemist's: 药店，注意拼写的准确度，一定要有"'s"。

*walking boots: 步行靴, boots必须用复数形式，要加-s。

*Plastic:（光碟名），专有名词，首字母大写。

*Silent Island: 寂静的小岛（书名），专有名词，首字母大写。

*Rainforest: 雨林（录像带名），专有名词，首字母要大写，且rainforest是一个单词，注意拼写的准确度。

版本号：31

话题背景	卷面识读词汇	答案拼写内容
新房客和旧房客的聊天对话	concentrate 专心于 distraction 分心 moustache 小胡子 beard 胡须 suitcase 行李箱 vacuum 用真空吸尘器打扫	landlady ['lændleidi] *n.* 女房东

答案注意事项：

*landlady: 女房东，是一个单词，注意拼写的准确度。

版本号：32=30043=40112=40123

话题背景	卷面识读词汇	答案拼写内容
悉尼音乐节	Chameleon 变色龙（节目名称）	one month 一个月 6am-7am （上午）6点到7点 grass [grɑ:s] *n.* 草坪 loudspeaker 扬声器 Drama Theatre 剧场 Town Hall 市政厅 10am-4pm 上午10点到下午4点 21st （日期） 7.30pm （下午）7点半 Harbour ['hɑ:bə(r)] *n.* 海港

答案注意事项：

*loudspeaker: 扬声器，是一个单词，注意拼写的准确度。

*Drama Theatre: 剧场，此处为地点专有名词，首字母D、T大写。

*Town Hall: 市政厅，此处为地点专有名词，首字母T、H大写。

*Harbour: 海港，此处为地点专有名词，首字母H大写。

*卷面上此处的题目要求为a number ,因此答案不能写成 6am to 7am, 10am to 4pm，超出了数字要求，答案必须用连字符代替to,写成6am-7am，10am-4pm的形式。

版本号：33=50109=06102=08147

话题背景	卷面识读词汇	答案拼写内容
女生向男生交待住宿情况	switch on 开（用电器） cleaning maid 清洁工	2 weeks 2周 $400 400美元 17A （门牌号） 889740 （电话） water heater 热水器 fridge [fridʒ] *n.* 冰箱 $25 25美元 lock the windows 锁上窗户 play music 播放音乐 landlady ['lændleidi] *n.* 女房东

答案注意事项：

*17A: 门牌号，数字字母混合信息，字母A须大写，且在考试时注意辨音17A和178。

*fridge: 冰箱，注意拼写的准确度，不要丢中间字母d。

*landlady: 女房东，是一个单词，注意拼写的准确度。

版本号：34=40105=40205=50118=07118

话题背景	卷面识读词汇	答案拼写内容
两个学生租房子	pool 游泳池 fridge 冰箱 furniture 家具 accommodation 住宿	£20 20英镑 insurance [in'ʃuərəns] *n.* 保险 Saturday ['sætədi] *n.* 星期六

答案注意事项：

*insurance: 是不可数名词，不可以加s。

*Saturday: 星期六为专有名称，首字母S大写。

版本号：35

话题背景	卷面识读词汇	答案拼写内容
男女生在咖啡馆讨论旅游行程计划	bus route map 公交线路图 castle 城堡 free entry 免费进入 tourist attraction 旅游胜地	cathedral [kə'θi:drəl] *n.* 大教堂 market ['mɑ:kit] *n.* 市场 garden ['gɑ:dn] *n.* 花园 Art Gallery 艺廊 climb the tower 爬塔楼 see the view 观景

答案注意事项：

*《剑4》Test 2的S1，不会再考。

版本号：36

话题背景	卷面识读词汇	答案拼写内容
女生租房	twin room 双人间（两张床） triple room 三人间 couple 夫妇 studio apartment 一居室公寓住宅	1.5 years 一年半 Forest Road 森林大道 Academic English 学术英语 Thursday 星期四 deposit [di'pɔzit] *n.* 保证金 monthly [mʌnθli] *adj.* 每月的 telephone ['telifəun] *v.* 电话

答案注意事项：

*《剑4》Test 3的S1，不会再考。

版本号：37

话题背景	卷面识读词汇	答案拼写内容
告别派对的安排	invitation 邀请 venue 场地 coffee maker 咖啡机 snack 零食 representative 代表	College Dining Room 学校食堂 office staff 办公室员工 students ['stju:dnts] n. 学生 10th December 12月10日 coffee break 喝咖啡的休息时间 a good dictionary 一本好字典 music ['mju:zik] n. 音乐 photos ['fəutəus] n. 照片 speech [spi:tʃ] n. 演讲

答案注意事项：

*《剑4》Test 4的S1，不会再考。

版本号：38=06125

话题背景	卷面识读词汇	答案拼写内容
关于学生找兼职工作的对话	reception 接待处 lecture 讲座	part-time job 兼职工作 the third year 第3年 Sports Centre 运动中心 cleaner ['kli:nə(r)] n. 清洁工 library ['laibrəri] n. 图书馆 International House 国际学生公寓 B659（房间号） office assistant 办公室助理 answer the phone 接电话 11.30am 上午11点半

答案注意事项：

*part-time job: 兼职工作，part-time注意用连字符号连接，是一个单词，注意单词拼写的准确度。

*the third year: 第3年，注意连读。

*Sports Centre: 运动中心，地点专有名词，首字母大写， 注意是sports，有-s。

*Library: 图书馆，此处特指的是学校的图书馆，专有名词，首字母大写。

*International House: 国际学生公寓，地点专有名词，首字母大写。

*B659: 房间号，数字字母混合的信息，字母须大写。

*office assistant: 办公室助理，注意assistant的拼写，共有三个s。

*11.30am，11:30AM，都表示11点半。前者是英式拼法，后者是美式拼法，均正确。

版本号：39=06108

话题背景	卷面识读词汇	答案拼写内容
为更换坏CD电话填表格	client 客户 feedback 反馈 handbook 手册 instruction 教导，说明	11 Lake Avenue （地址） 3176 （电话号码） AL2980 （客户编号） Reading Ahead 超前阅读（光碟的名字） computer sound card 电脑声卡 7th July 7月7日 Thursday ['θə:zdi] *n.* 周四 9am-11am 上午9点到11点 Shop Manager 商店经理 Chapter 10 第10章

答案注意事项：

*11 Lake Avenue: 地址，专有名词，首字母L、K必须大写。

*AL2980: 客户编号，数字字母混合的信息，字母必须大写。

*Reading Ahead: 超前阅读，是光碟的名字，专有名词，首字母R、D大写。

*Shop Manager: 商店经理，特指人物，专有名词，首字母S、M大写。

*Chapter 10: 第10章，专有名词，首字母C大写。

* Thursday: 周四，专有名词，首字母T大写。

版本号：40

话题背景	卷面识读词汇	答案拼写内容
学生关于学校组织的旅游景点参观咨询	historical 历史的 focus 焦点	shopping ['ʃɔpiŋ] *n.* 购物 guided tour 有导游的旅行 more than 12 多于12 notice board 布告牌 13th February 2月13日 Tower of London 伦敦塔 Bristol 布里斯托尔（英国西部港口） American Museum 美国博物馆 student newspaper 学生报纸 Yentob （人名）

答案注意事项：

*《剑4》Test 1的S1，不会再考。

版本号：41=50301=08117

话题背景	卷面识读词汇	答案拼写内容
向留学生介绍寄宿家庭的基本情况	home stay 寄宿家庭 facility 设备	bedroom ['bedrum] *n.* 卧室 desk &TV 书桌和电视 meat&cheese 肉和奶酪 7.00 7点 campus ['kæmpəs] *n.* 校园 fridge [fridʒ] *n.* 冰箱 take-away *n.* 在外卖餐馆买的饭菜 incoming calls 打进来的电话 house key 大门钥匙 21A （公共汽车路号） garden ['gɑ:dn] *n.* 花园

答案注意事项：

*bedroom: 卧室，是一个单词，注意单词拼写的准确度。

*fridge: 冰箱， 注意拼写的准确度，不要丢中间字母d。

*take-away: 在外卖餐馆买的饭菜，中间有连字符连接，是一个单词，注意单词拼写的准确度。

*21A: 公共汽车路号，数字字母混合信息，字母必须大写，且注意区分21A、218及201A。

版本号：66=30040=30041=30059=30062=30085=40108

话题背景	卷面识读词汇	答案拼写内容
学生要求索赔（冲洗）丢失的胶卷	Number of exposure （底片）曝光数 submit 提交 film 胶卷	Rigby（姓名） Red House（地名） Church Road（地名） 793225（电话号码） 36 （胶卷底片张数） wedding photographs 婚礼照片 New Street （地名） 23rd April 4月23日 Q493Z （单据号） refund ['ri:fʌnd] *n.* 退款

答案注意事项：

*Rigby: 姓名，专有名词，首字母大写。

*Red House，Church Road，New Stree均为地点，专有名词，首字母大写。

*23rd April: 4月23日，月份为专有名词，首字母大写。

*Q493Z: 单据号，数字字母混合的信息，字母大写。

版本号：67=40110=40216=50126

话题背景	卷面识读词汇	答案拼写内容
印度女孩儿租房	surname 姓 major 专业 requirement 要求	Bhatt（姓名） 31 March 1972（生日）1972年3月31日 Nursing ['nə:siŋ] *n.* 护理（专业） 2 years 2年 no red meat 不吃红肉 bed-sit 合租房中的一间 theatre & badminton ['θiətə(r)]['bædmintən] 戏剧和羽毛球 mature students 成熟的学生 out of town 不在城里 shared social area 共享的社交区域

答案注意事项：

*Bhatt: 姓氏，专有名词，首字母B大写。

*31 March 1972（生日）1972年3月31日，月份为专有名词，首字母M大写。

*Nursing: 护理，是专业名称，首字母大写。

*no red meat: 不吃红肉（印度人视牛为神，不会吃牛肉的，牛肉是红肉）。

*bed-sit: 合租房中的一间，注意失去爆破音这一语音现象。

*out of town: 不在城里，注意语音连读现象。

*shared social area: 共享的社交区域，shared 共享的，注意吞音和拼写的准确度。

版本号：68

话题背景	卷面识读词汇	答案拼写内容
关于参加慈善演出之事	juggle 手技 mime 哑剧 rarely 不常 tune 调子 rehearsal 排演 a couple 一对夫妇	12th June 6月12日 50 pounds 50英镑 No2 Gold Street（地址） drama teacher 戏剧教师 comedy ['kɔmədi] *n.* 戏剧 magic ['mædʒik] *n.* 魔术，戏法 country music 乡村音乐 April 23 4月23日 take cassette recorder 带录音机

答案注意事项：

*June: April: 月份是专有名词，首字母大写。

*No2 Gold Street: 是地址，专有名词首字母大写，且注意Gold Street，失去爆破音。

版本号：69=50134=50139

话题背景	卷面识读词汇	答案拼写内容
两人讨论在图书馆中看录像的事情	guitar 吉他 video 录像 discount 折扣 postcode 邮编	48 North Avenue （地址） WS6 2YH （邮编） 016 7455 3242 （电话号码） 2 tickets 2张票 £10.50 10.5 英镑 drinks [driŋks] *n.* 饮料 pianist ['piənist] *n.* 钢琴家 50% （高年级学生购买折扣）

答案注意事项：

*48 North Avenue: 地址是专有名词，首字母大写，且注意North Avenue连读语音现象。

*WS6 2YH: 邮编，数字和字母混合信息，字母必须大写。

版本号：70=40114=40214=50131=06113

话题背景	卷面识读词汇	答案拼写内容
去农庄旅游事宜的咨询	organic 有机的 unavailable不可用的 flood 淹没 deposit 订金，押金 cycle 骑自行车 museum 博物馆 shelter 遮蔽 reserve 预定 postcode 邮编	Cotehele （地址） SH12 1LG （邮编）

答案注意事项：

*Cotehele Road: 地址，专有名词，首字母大写。

*SH12 1LG: 邮编，数字字母混合信息，字母大写。

*此部分前8道题均为选择题，注意重读及重复信息。

版本号：71=50130

话题背景	卷面识读词汇	答案拼写内容
女生住宿申请咨询	application 申请 maximum 最大量的 occupation 职业 requirement 要求	14 Hill Road （地名） 9.00-9.30 9点到9点半 1 year 一年 intermediate [ˌintəˈmi:diət] *adj.* 中等的 North-West 西北部 vegetarian [ˌvedʒiˈtɛəriən] *adj.* 素食的 garden [ˈgɑ:dn] *n.* 花园 one guest 一个客人 100 （每周房租英镑数） 23rd 23日
答案注意事项： *《剑5》Test 4的S1，不会再考。		

版本号：20023=40101=40201=40213=50113=06319=08131

话题背景	卷面识读词汇	答案拼写内容
男子打电话给保险公司，咨询车险的事情	occupation 职业 previous 先前的 make 牌子 insurance 保险 policy 保险单 claim 要求赔偿 premium 保险费	27 Bank Road （地址） Paynter （姓名） dentist [ˈdentist] *n.* 牙医 Saab Hatch 萨博（车牌）掀背式轿车 North Star 北极星（旧保险公司的名字） stolen [ˈstəulən] （steal的过去分词）被偷过 travel to work 开车上班 brother-in-law 内兄/弟，姊妹的丈夫 Red Flag 红旗（新保险公司的名字） $450 450美金
答案注意事项： *27 Bank Road: 地址，专有名词，首字母大写。 *Master Card: 万事达卡，专有名词，首字母大写。 *Paynter: 姓名，专有名词，首字母大写。 *SAAB Hatch: 萨博掀背式轿车，专有名词，首字母大写。 *North Star，Red Flag: 均为保险公司的名字，专有名词，首字母大写。 *brother-in-law: 内兄/弟，姊妹的丈夫，单词间一定要有连字符。		

版本号：30014=40104=50112=09128

话题背景	卷面识读词汇	答案拼写内容
预定电影座位	requirement需求 audio音频的	26th 26日 7pm下午7点 the front circle楼厅前包厢（剧场的2楼厅座） the circle ['sə:kl] *n.* 楼厅包厢（剧场的2楼厅座） A21-24座位号A21-24 Master Card万事达卡 3290767844012899（签证号码） Mr. John Whitton（人名） 42 South Street（地址） mailing list邮寄名单 headphones耳机

答案注意事项：

*circle: 楼厅包厢，在楼厅前包厢in the front circle，不用大写，座位号Circle A21-24，为专有名称，则须大写，要看清题目要求。

*Master Card: 万事达卡，专有名词，首字母大写。

*Mr. John Whitton: 人名。在英语中称谓、人名，专有名词，首字母大写。

*42 South Street: 地名，属专有名词，首字母大写。

*headphones: 耳机，注意吞音现象，拼写时注意为一个单词，且必须加-s。

版本号：30015=40206=50116=50121

话题背景	卷面识读词汇	答案拼写内容
学生预约看医生	interrupt打断，打扰 optic examination眼部检查 allergic过敏的 postcode邮编	the third turning第3个转弯 the first right第一个转弯右转 21A Eagle Road（地址） London E 11（邮编） bad eyesight视力不好 no allergy没有过敏

答案注意事项：

*21A Eagle Road: 地名，专有名词，首字母大写，且考试中出现数字字母混合信息，字母必须大写。

*London E 11: 伦敦的邮编，数字字母混合信息，字母必须大写。

*eyesight: 视力，是一个单词，注意拼写的准确度。

版本号：30018=40211

话题背景	卷面识读词汇	答案拼写内容
男生订机票办打折卡	L.A.（Los Angeles）洛杉矶 fee 费用 Newcastle 纽卡斯尔（地址）	International Student Card 国际学生卡 5 pounds 5英镑 museum [mjuːˈziəm] *n.* 博物馆 accommodation [əˌkɔməˈdeiʃn] *n.* 住宿 entertainment [entəˈteinmənt] *n.* 娱乐 15 Station Avenue（地址） John Lee（人名） 212 123 4567（家庭电话） 307 283 1006（办公电话）

答案注意事项：

*International Student Card: 国际学生卡，专有名词，首字母大写。

*15 Station Avenue: 车站大街15号，地点专有名词，首字母大写。

*John Lee: 约翰李，人名，专有名词，首字母大写。

版本号：30019=40113=50127=07131

话题背景	卷面识读词汇	答案拼写内容
邮局邮寄东西咨询	insurance 保险 speed 速度 recorded delivery 挂号邮递（收件人收到信函后，要签署姓名确认） registered post 挂号邮递（寄信人多付钱，如有丢失或毁坏，邮局补偿） special mail 专递 Tuesday 周二 10 pence 10便士	parcel [ˈpɑːsl] *n.* 包裹 packing 打包 loss [lɔs] *n.* 丢失 contract [ˈkɔntrækt] *n.* 合同

答案注意事项：

*此部分后6道题是配对和选择，注意听清三种速递形式配对。

版本号：30020=40208=40215=50124=07116

话题背景	卷面识读词汇	答案拼写内容
电话咨询工作面试	vacancy 空缺 shift work 倒班 interview 面试	waiter [weitə] *n.* 服务员 day shift 白班 a break 一次休息 breakfast [ˈbrekfəst] *n.* 早餐 28th June 6月28日 dark trousers 深色裤子 jacket [ˈdʒækit] *n.* 夹克 Urwin（人名） midday [ˌmidˈdei] *n.* 正午 reference [ˈrefərəns] *n.* 介绍信

答案注意事项：
*28th June: 6月28日，月份为专有名词，首字母大写。
*midday: 正午，是一个单词，注意单词拼写的准确度。
*dark trousers: 深色裤子，长裤后必须加复数-s。

版本号：30032=07102=07122

话题背景	卷面识读词汇	答案拼写内容
母亲打电话咨询孩子转学的事情	transportation 交通 aim 目的	blue sweater 蓝色毛线衫 black raincoat 黑色雨衣 ￡5.99 5.99英镑 Howells（当地一个商店的名称） Park Street（地名） Green Road（地名） hot meal 热餐 14th September 9月14日 homework ['həumwə:k] *n.* 家庭作业 meet teachers 与教师见面

答案注意事项：
*black raincoat: 黑色雨衣，注意失去爆破音，且raincoat 雨衣是一个单词，注意单词拼写的准确度。
*Howells: 商店名称，专有名词，首字母大写。
*Park Stree, Green Road: 地名，专有名词，首字母大写。
*hot meal: 热餐，注意失去爆破音。
*14th September: 9月14日，其中的September，首字母必须大写。
*homework: 是一个单词，不可数名词，不能加-s。
*meet teachers: 与教师见面，注意失去爆破音。

版本号：30033=06111=06126=08127

话题背景	卷面识读词汇	答案拼写内容
男子电话咨询旅游订房服务	railway station 火车站 isolated 孤独的 countryside 乡下 overlook 俯瞰 private 私有的 catering 提供饮食及服务	

答案注意事项：
*此部分第1题为选择题，2~7是配对题，8~10是地图题。

版本号：30034=50108=06136=06316=08128=09148

话题背景	卷面识读词汇	答案拼写内容
男人打电话向搬家公司索赔弄坏的东西	item 项目	Northwaite（姓） 23rd January 1月23日 bicycle ['baisikl] 自行车 garden tools 花园用具 hands broken（闹钟的）指针断掉了 curtain ['kə:tn] *n.* 窗帘 torn [tɔ:n]（tear的过去分词）被撕破的 ￡250 250英镑 videos ['vidiəu] *n.* 录影带 ￡144 144英镑

答案注意事项：

*Northwaite: 是姓，专有名词，首字母大写。

*23rd January: 1月23日，月份为专有名词，首字母大写。

*torn: 被撕破的，此词的原型为tear[tiə] *v.* 撕破。

*videos: 录影带，其复数形式直接加-s，videos。

版本号：30036=50233=06120=08123

话题背景	卷面识读词汇	答案拼写内容
租车对话	extension 分机 mileage 里程数 music equipment 音响设备 letterbox 信箱 discount 折扣 membership 会员 sunshield 遮阳板 guidebook 旅行指南	6 Devon Road（地址） 634096 extension 54（电话号码及分机） road map 公路线路图 first-aid kit 急救箱 flashlight ['flæʃlait] *n.* 手电筒

答案注意事项：

*6 Devon Road: 地址为专有名词，首字母大写。

*road map: 公路线路图，注意不完全爆破语音现象。

*first-aid kit: 急救箱，first-aid之间有"-"连接。

*flashlight: 手电筒，是一个单词，注意拼写的准确度。

版本号：30037=50110=07126=08121=09140

话题背景	卷面识读词汇	答案拼写内容
警察询问女士家被盗情况	property 财产 purse 钱包 occupant 居住者 serial number 序列号 burglar 夜贼 nationality 国籍 previous experience 以前的经历 zipper 拉链 stuff 材料	Anna Grieg（人名） 15.03.1980（生日） Ellendale（地址） Grenadian（国籍） 8 months 8个月 1（居住者人数） back door 后门 silver cloth 银色布料

答案注意事项：

*Anna Grieg: 是人名，专有名词，首字母大写。

*15.03.1980: 表示1980年3月15日，注意录音中的念法是the fifteenth of the third ，3月15日，且卷面要求是no more than three words and/or a number，如果写15th March 1980，答案是一个单词带着两个数字，超出一个数字的要求，不能得分，因此此处答案必须写成15.03.1980。

*Ellendale: 是地址，专有名词，首字母大写。

*Grenadian: 格林纳达人，国籍，专有名词，首字母大写，此国籍在录音中拼出来了。

*back door: 后门，注意区分爆破音。

*silver cloth: 银色布料，注意区分 cloth [klɔ(:)θ] *n.* 和 clothes [kləuðz] *n.* 在读音和意思上的区别。

版本号：30038=07107

话题背景	卷面识读词汇	答案拼写内容
女生询问如何使用图书馆	book restoration 书籍修复 catalogue 目录 disabled facilities 无障碍设施	Student Card 学生证 bank statement 银行对账单 9.00am-6.30pm 上午9点到下午6点半 Thursday ['θə:zdi] *n.* 星期四 television drama 电视剧 2 days 2天 5 pence 5便士

答案注意事项：

*Student Card: 学生证，专有名词，首字母大写，且注意失去爆破音语音现象。

*bank statement: 银行对账单，注意失去爆破音语音现象。

*Thursday: 星期四，专有名词，首字母大写。

版本号：30039=09139

话题背景	卷面识读词汇	答案拼写内容
男士打电话向中介询问租房子的情况	sports centre 体育中心 museum 博物馆	in the centre 在中心区 2 years 2年 ￡600 600英镑 garage ['gærɑːʒ] *n.* 车库 bathroom ['bɑːθruːm] *n.* 浴室 garden ['gɑːdən] *n.* 花园 too noisy 太吵了 study ['stʌdi] *n.* 书房 ￡595 595英镑

答案注意事项：

*too noisy: 太吵了，注意答案 too（太），是程度限定，不可少。

*bathroom: 浴室，是一个单词，注意拼写的准确度。

*study: 书房，不可写成study room。

版本号：30042=50102=08140

话题背景	卷面识读词汇	答案拼写内容
一位父亲咨询为孩子开派对的相关事宜	decoration 装饰 balloon 气球 reservation 保留，预定	￡25.5 per child 每个孩子25.5镑 chicken ['tʃikin] *n.* 鸡肉 fish cakes 炸鱼肉饼 ￡26.5 per child 每个孩子26.5镑 vegetable burger 蔬菜汉堡 15 people 15个人 playground ['pleigraund] *n.* 运动场 special party hat 专门的派对帽子 sports hall 体育馆 two adults ['ædʌlt] 两个成年人 safety regulation 安全规则

答案注意事项：

*￡25.50 per child: 每位孩子聚会需要25.50英镑。此处在录音中，工作人员先说了￡5.50这个数字，接着又提到订金是￡20.00，要把两者加在一起，￡25.50才是答案。

*sports hall: 体育馆，注意拼写的准确度，是sports（有关运动的）而不是sport。

版本号：30044=50137=06106=08130

话题背景	卷面识读词汇	答案拼写内容
交通情况电话咨询	expiry date 截止日期 shuttle bus 往返班车 greyhound 长途汽车	cab [kæb] *n.* 出租车 city centre 市中心 wait [weit] *v.* 等候 door-to-door 从一家门口到另一家门口的 reserve a seat 订座位 17th October 10月17日 12.30 12点半 Thomson（人名） AC937 (航班号) 3303845020456837（信用卡号码）

答案注意事项:

*《剑7》Test 1的S1，不会再考。

*cab: 出租车，注意拼写的准确度，不要与“cap 帽子”混淆。

*door-to-door: 从一家门口到另一家门口的，注意3个单词间须有连字符。

*October 10月：月份为专有名词，首字母大写。

*Thomson: 汤姆森，人名，专有名词，首字母大写。

*AC937: 是航班号，数字和字母混合的信息，字母必须大写。

版本号：30045

话题背景	卷面识读词汇	答案拼写内容
女生向已住房客咨询房屋基本情况	rent 租金 requirement 要求 landlord 房东 tenant 房客 amenities 设施	$225 225美元 7401 West Mansfield Avenue（地址） 8773392783（电话号码） no pets 没有宠物 student 学生

答案注意事项:

*7401 West Mansfield Avenue: 地址，专有名词，首字母大写。

版本号：30049=06142=07112=09123

话题背景	卷面识读词汇	答案拼写内容
野营咨询	fishing 钓鱼 hiking 徒步旅行 tennis 网球 squash 壁球	Whiteworth（姓） 32 Bank Street（地址） 0292498022（电话号码） fast food shop 快餐店 laundry ['lɔːndri] *n.* 洗衣店 cycling ['saikliŋ] *n.* 骑脚踏车兜风 padding pool（供儿童戏水的）浅水池

答案注意事项：
*Whiteworth: 是姓，专有名词首字母大写。
*32 Bank Street: 是地址，专有名词首字母大写，且注意失去爆破音语音现象。
*本章节中间3题为选项填地图题。

版本号：30058=06119

话题背景	卷面识读词汇	答案拼写内容
询问女生过去的学习情况	sports centre 体育中心 museum 博物馆 major 专业	15 Compton Street（地址） NW3 3NT（英国邮编） 22nd July 7月22日 Education [ˌedʒuˈkeiʃn] *n.* 教育（专业） Teaching [tiːtʃiŋ] *n.* 教学（专业） none [nʌn] *pron.* 没有 waitress [ˈweitris] *n.* 女侍者 Spain [spein] *n.* 西班牙 2 months 2个月 France [frɑːns] *n.* 法国

答案注意事项：
*15 Compton Street: 地名，专有名词，首字母大写。
*NW3 3NT: 是英国邮编，数字字母混合信息，字母必须大写。
*22nd July: 7月22日，月份首字母大写。
*Education: 教育，在此处是女生现在所要学的专业，专有名词，首字母大写。
*Teaching: 教学，在此处是女生过去所学的专业，专有名词，首字母大写。
*Spain: 西班牙，国名，专有名词，首字母大写。
*France: 法国，国名，专有名词，首字母大写。

版本号：30060

话题背景	卷面识读词汇	答案拼写内容
向新员工介绍办公室布局及一周安排	conference room 大会议室 engineer room 工程师办公室 sale team 销售团队 meeting room 小会议室	customer [ˈkʌstəmə(r)] *n.* 客户 raw materials 原料 cars [kɑː(r)z] *n.* 小汽车 factory [ˈfæktəri] *n.* 工厂 workshop [ˈwəːkʃɔp] *n.* 车间 project team 课题组

答案注意事项：
*本章节前4题为选项填地图题。
*workshop: 车间，是一个单词，注意拼写的准确度。

版本号：30061

话题背景	卷面识读词汇	答案拼写内容
女士打电话订购家具	delivery time 送货时间 assemble 组装 cupboard 碗柜 width 宽度	140cm 140厘米 £265 265英镑 natural ['nætʃrəl] *adj.* 天然的 night table 床头柜 glass [glɑ:s] *n.* 玻璃 drawer [drɔ:(r)] *n.* 抽屉 Rolla（人名） NP25 4EU（邮编） morning ['mɔ:niŋ] *n.* 早晨 garage ['gærɑ:dʒ] *n.* 车库

答案注意事项：

*night table: 床头柜，注意辨音，是night table而不是light table。

*Rolla: 人名，专有名词，首字母大写。

*NP25 4EU: 邮编，考试时出现数字和字母混合的信息，字母必须大写。

版本号：30064=06139=06140=08104

话题背景	卷面识读词汇	答案拼写内容
银行电话咨询	scheme 计划 interest rate 利率 deposit account 定期账户 current account 活期账户	1.8%（利息） 30 days 30天 £500 500英镑 house insurance 房屋保险 life assurance 寿险 savings ['seiviŋz] *n.* 储蓄 10 working days 10个工作日 investment [in'vestmənt] *n.* 投资

答案注意事项：

*savings: 储蓄，注意必须有-s，没有就不是储蓄的意思了。

*life assurance: 寿险，注意仔细听录音中的具体表达方法，寿险life assurance或life insurance均可，而其他的险种如房屋保险一般用insurance。

版本号：30072=06101=07125=08134

话题背景	卷面识读词汇	答案拼写内容
女士与搬家公司谈有关搬家事宜	apartment 公寓 storage 贮存 luggage 行李 kettle 水壶 alarm clock 闹钟 emergency 紧急 pack 装箱 dish 盘碟	94635550（电话号码） Clark House（地址） University Drive（地址） Monday ['mʌndi, 'mʌndei] *n.* 星期一 Thursday ['θə:zdi] *n.* 星期四 1 month 1个月

答案注意事项：

*94635550: 电话号码在录音中提到555是triple 5。

*Clark House，University Drive：是地名，专有名词，首字母大写。

*Monday: 星期一， Thursday： 星期四。星期属于专有名词，首字母大写。

版本号：30074=07121=08132

话题背景	卷面识读词汇	答案拼写内容
向警察局咨询办理驾照事宜	postcode 邮编 policy 保险单 cousin 堂表兄弟姐妹 initial 词首大写字母	Walsham（姓） TQ12 5CZ（邮编） YQ181（保险单号码） technical ['teknikl] *adj.* 技术的 J.R.（名字首字母） 23（年龄） Northland（地址） 1st August 8月1日 one month 1个月 ￡35.70 35.7英镑

答案注意事项：

*Waltham: 填写的是姓，专有名词，首字母大写。

*TQ12 5CZ:（邮编），YQ181（保险单号码），数字字母混合信息，字母必须大写。

*Northland: 是地址，专有名词，首字母大写。

*1st August: 8月1日，月份是专有名词，首字母大写。

版本号：30076

话题背景	卷面识读词汇	答案拼写内容
母亲打电话为女儿咨询绘画比赛情况	theme 主题 application form 申请表 juvenile 青少年 envelop 信封 file 文档	Travel ['trævəl] n. 旅行（绘画主题） juniors ['dʒu:niərz] n. 小学生 young teenagers 青少年 29th August 8月29日 80cm×60cm（绘画作品的规格） Kahn（联系人的姓） HB3 9PU（邮编） by fax 以传真的形式 YCP（信封上所要标注的字母） ￡50 50镑

答案注意事项：

*Travel: 旅行，此处是绘画的主题，专有名词，首字母大写。

*29th August: 8月29日，月份是专有名词，首字母大写。

*80cm×60cm: 此处是绘画作品的规格，录音中念作：eighty centimeters by sixty centimeters。

*Kahn: 是联系人的姓氏，专有名词，首字母大写。

*YCP: 是信封上所要标注的字母，录音中要求capital（大写字母）。

*HB3 9PU: 英国邮编，数字字母混合信息，字母必须大写。

版本号：30078=30090

话题背景	卷面识读词汇	答案拼写内容
男子要旅行，咨询住宿预订和博物馆情况	parking 停车 disabled 伤残的 soft drink manufacturing 软饮料制造业 decoration 装饰品 astronomy 天文学	swimming pool 游泳池 lovely garden 可爱的花园 no charge 免收费用 welcome children 欢迎孩子们 red [red] n. 红色 50 minutes 50分钟 behind the station 在车站的后面

答案注意事项：

*swimming pool: 游泳池，注意拼写的准确度，中间有两个字母m。

版本号：30079=07134=09118

话题背景	卷面识读词汇	答案拼写内容
告别派对饭店预定	green 绿色 seat planning 座位安排 background music 背景音乐	40 people 40人 3 long tables 3张长桌子 drinks and flowers 饮料和鲜花 Smith Brothers 史密斯兄弟（公司名称） S14 2RT（邮编） Collins（姓名） 0712138076（电话号码） cake [keik] *n.* 蛋糕 28th June 6月28日

答案注意事项：

*Smith Brothers: 史密斯兄弟，是公司名称，专有名词，首字母大写。

*S14 2RT: 英国邮编，数字字母混合信息，字母必须大写。

*Collins: 是姓名，首字母大写。

*28th June: 6月28日，月份首字母大写。

版本号：30080=07139

话题背景	卷面识读词汇	答案拼写内容
坐火车行李丢失，在失物招领处填写表格	coach 客车厢 dining car 餐车 feature 未来	Smithers（人名） 7th July 7月7日 two pockets ['pɔkit] *n.* 2个口袋 leather jacket 皮夹克 notebook ['nəutbuk] *n.* 笔记本 by the door 在门的旁边 ￡280 280 镑 Klerke（地址） GW43 2HA（邮编）

答案注意事项：

*Smithers: 人名，专有名词，首字母大写。

*7th July: 7月7日，月份首字母大写。

*leather jacket: 皮夹克，注意leather['leðə]（皮革）的读音，不是['li:ðə]。

*notebook: 笔记本，为一个单词，注意拼写的准确度。

*Klerke: 地址，专有名词，首字母大写。

*GW43 2HA: 英国邮编，数字字母混合信息，字母必须大写，录音中念作 GW forty-three two HA。

版本号：30081=08139

话题背景	卷面识读词汇	答案拼写内容
学生登记做兼职工作	postcode 邮编 subject 专业	8 Hill Road（地址） North Park（地名） C02 9 LU（邮编） 077743625（电话号码） 25th September 9月25日 Politics ['pɔlətiks] *n.* 政治（专业） hotel [həu'tel] *n.* 酒店 bookkeeping 簿记 advanced level 高级水平 Tuesday to Saturday 周二至周六

答案注意事项：

*8 Hill Road: 是地址，专有名词，首字母大写。

*C02 9LU: 英国邮编，数字字母混合信息，字母必须大写。

*25th September: 9月25日，月份首字母必须大写。

*Politics: 政治，专业名称，专有名词，首字母大写。

*bookkeeping: 簿记，是一个单词，注意拼写的准确度。

*advanced: 高级的，注意拼写的准确度，与advance区分。

*Tuesday to Saturday: 周二至周六，星期首字母须大写。

版本号：30083=07145

话题背景	卷面识读词汇	答案拼写内容
打电话买旧家具	wardrobe 衣柜 opposite 对面的	queen size 女王尺寸（床的尺寸） River of View（卖货地址） West Avenue（地址） mirror ['mirə(r)] *n.* 镜子 1.8 meters 1.8米 Tuesday ['tju:zdi] *n.* 周二 fridge [fridʒ] *n.* 冰箱 church [tʃə:tʃ] *n.* 教堂 bus stop 公交车站 Main Road（地址）

答案注意事项：

*queen size：欧美床的尺寸一般是以英寸为单位的，大概折合成厘米如下：

king size: 80×76（英寸）=203×193（厘米）

queen size: 80×60（英寸）=203×152（厘米）

double size: 74×54（英寸）=188×137（厘米）

twin size: 74×39（英寸）=188×99（厘米）

*River of View：是地址，专有名词首字母大写，但of是小于五个字母的介词，应小写。

*West Avenue：是地址，专有名词，首字母大写。

*Main Road：是地址，专有名词，首字母大写。

*Tuesday：周二，星期专有名词，首字母大写。

版本号：30086=09120

话题背景	卷面识读词汇	答案拼写内容
绘画课程咨询	scene 风景 existing skill 现有技能 France 法国 Rome 罗马 cheque 支票	Mardie（姓名） Herde（姓名） 40 Long Road（地址） OX10 9QR（邮编） in cash 付现金 11317（编号） IT course 信息技术课程 Information Technology course 信息技术课程

答案注意事项：

*Mardie: 是姓名，专有名词首字母大写。

*Herde: 是姓名，专有名词首字母大写。

*40 Long Road: 是地址，专有名词，首字母大写。

*OX10 9QR: 牛津邮编，数字字母混合信息，字母大写。

*cash: 现金，注意介词用法 pay in cash不是by cash。

版本号：40102=40202=06148=08125

话题背景	卷面识读词汇	答案拼写内容
女生订机票		Berlin ['bə:lin] *n.* 柏林 Cowper（名字） Bank House（地址） weekly return 周内往返 150 pounds 150镑 5th November 11月5日 wheelchair ['wi:ltʃɛə(r)] *n.* 轮椅 legroom ['legru:m] *n.* 放脚空间 no nuts 不吃坚果 bank transfer 银行汇款转账

答案注意事项：

*Berlin: 柏林，专有名词，首字母大写。

*Cowper: 名字，专有名词，首字母大写。

*Bank House: 地点专有名词，首字母大写，且要注意失去爆破音语音现象，听音准确。

*5th November: 11月5日，月份首字母大写。

*wheelchair: 轮椅，是一个词，注意拼写的准确度。

*legroom: 放脚空间，是一个词，注意拼写的准确度，且要注意失去爆破音语音现象，听音准确。

版本号：40106=50147=06124

话题背景	卷面识读词汇	答案拼写内容
俱乐部会员资格注册	excursion 远足 deposit 押金 lecture 讲座 bowling 保龄 free drinks 免费饮料	$15 15美元 skating ['skeitiŋ] n. 滑冰 Sunday ['sʌndi] n. 星期日 16th October 10月16日 swimming suit 泳装 casual clothes 休闲服 museum [mju:'ziəm] n. 博物馆

答案注意事项：

*本章节前3道题为多选题，问俱乐部每月肯定会搞哪些活动，一定注意听限定信息every month的活动。

*Sunday: 星期日，专有名词，首字母大写。

*16th October: 10月16日，October表示“10月”，月份为专有名词，首字母大写。

*casual clothes: 休闲服，注意区分：clothes [kləuðz]（衣服）和cloth [klɔθ]（布料）在拼写和读音上的区别。

版本号：40109=50114

话题背景	卷面识读词汇	答案拼写内容
度假时委托邻居照看家	rubber tree 橡胶树	3 cups 3杯 kitchen ['kitʃin] n. 厨房 1 cup 1杯 lemon tree 柠檬树 6 months 6个月 park [pɑ:k] n. 公园 top shelf 顶部的架子 kitchen table 厨房桌子 double-lock ['dʌbl lɔk] v. 把……双重锁上 Cooma House （地址）

答案注意事项：

*top shelf: 顶部的架子，注意失去爆破音语音现象，听音准确。

*double-lock: 把门窗等双重锁上，中间一定要有“-”。

版本号：50101

话题背景	卷面识读词汇	答案拼写内容
咨询培训课程	popular 受欢迎的 craft 手工艺 facility 设备 restoration 修补	pieces of furniture 几件家具 Picture Framing 相框制作（课程名称） backing ['bækiŋ] *n.* 帮助，支持 darkroom ['dɑːkrum] *n.* 暗室 Waverton（地名） beginner [bi'ginə] *n.* 初学者 in cash（付）现金

答案注意事项：

*pieces of furniture: 几件家具，furniture是不可数名词，不能加-s, pieces用复数形式。
*Picture Framing: 相框制作，是课程名称，专有名词，首字母大写。
*darkroom: 暗室，是一个单词，注意单词拼写准确度，且注意失去爆破音现象，听音准确。
Waverton: 是地名，专有名词，首字母大写。
*beginner: 初学者，注意beginner中间是两个字母n。
*in cash:（付）现金，现金前用介词in，其他付款形式，如支票（cheque）、信用卡（credit card）前均用介词by。

版本号：50106=07119=08126

话题背景	卷面识读词汇	答案拼写内容
男生打电话咨询饭店求职事宜	job interview 求职面试 extra payment 奖励 transport 运送 subway 地铁	answer the phone 接电话 Hilldunne Road（地名） 4.45 pounds 4.45 英镑 22nd October 10月22日 clear voice 清澈的嗓音 think quickly 思考敏捷 national holiday 国定假日 after 11.00pm 晚上11点后 library ['laibrəri] *n.* 图书馆 Manuja（人名）

答案注意事项：

*Hilldunne Road: 地名,专有名词，首字母大写。
*22nd October: 10月22日，月份首字母必须大写。
*think quickly: 思考敏捷，注意失去爆破音现象，听音准确。
*Manuja: 人名，专有名词，首字母大写。

版本号：06103=06138=09125

话题背景	卷面识读词汇	答案拼写内容
有关电话购物	barbecue 烧烤 grill 烧烤架 light 浅的 postcode 邮编	a friend [frend] 一个朋友 Mills（姓名） Genia（烧烤架的牌子） bed sheet 床单 $10.75 10.75美金 cream [kri:m] *n.* 乳黄色 desk lamp 台灯 CX19 2RU（邮编） $199.10 199.10美金 by cheque [tʃek] 付支票

答案注意事项：

*Mills: 姓名，专有名词，首字母大写。

*Genia: 烧烤架的牌子，专有名词，首字母大写。

*bed sheet，desk lamp：注意失去爆破音现象，听音准确。

*CX19 2RU: 是英国邮编，数字字母混合信息，字母必须大写，录音中念作C-X-nineteen-two-R-U。

*by cheque: 付支票，注意介词by。

版本号：06110=08124

话题背景	卷面识读词汇	答案拼写内容
儿子给父亲买轮椅的事	wheelchair 轮椅	Greenwood Garden 绿林花园 Sports Centre 运动中心 9.00am-4.30pm 9点至4点半 Sunday ['sʌndi] *n.* 周日 Monday ['mʌndi] *n.* 周一 stair lift（轮椅）能上楼梯的功能 wall wheel [wi:l] 壁轮（指的是轮椅的轮子有能挂在楼梯墙壁自动装置上以便上下楼梯的功能） armchair ['ɑ:mtʃɛə] *n.* 扶手椅 2 hours 2个小时 6 weeks 6周 personal alarm（个人用）警报器

答案注意事项：

*Greenwood Garden: 绿林花园，地点专有名词，首字母大写。

*Sports Centre: 运动中心，专有名词首字母大写，sports必须有-s。

*Sunday: 周日，Monday：周一。星期首字母须大写。

*armchair: 扶手椅，是一个单词，注意拼写的准确度。

版本号：06121

话题背景	卷面识读词汇	答案拼写内容
对邻居的噪声的抱怨	disturbance 干扰	74 North Road（地址） Mile House（地点） PL23 9PU（邮编） 6.30am-7.30am 上午6点半到7点半 midnight to 3.30am 午夜至凌晨3点半 house alteration 房屋改建 call the police 报警 diary ['daiəri] *n.* 日记 date [deit] *n.* 日期 time [taim] *n.* 时间 one week 一周

答案注意事项：

*74 North Road，Mile House: 是地址，专有名词，首字母大写。

*PL23 9PU: 是英国邮编，数字字母混合信息，字母必须大写。

*diary: 日记，注意拼写的准确度，与dairy（奶制品）区分开。

版本号：06134=08144

话题背景	卷面识读词汇	答案拼写内容
女士搬家后希望在健康中心注册聘请私人医生	personal care 私人护理 more space 更多的空间 postcode 邮编 appointment 预约	Braddle（人名） 17 Upland Road（地址） S15 8DY（邮编） Thursday ['θə:zdi] *n.* 周四 Smith（人名）

答案注意事项：

*Braddle, Smith: 均为人名，专有名词，首字母大写。

*17 Upland Road: 是地址，专有名词，首字母大写。

*S15 8DY: 邮编，数字字母混合信息，字母大写。

*Thursday: 周四，星期首字母大写。

版本号：06141=08120

话题背景	卷面识读词汇	答案拼写内容
旅游度假咨询	package tour 全包游 Rose Garden 玫瑰园 Blue Bay 蓝色港湾 cancellation 取消 departure 离开 insurance 保险	300 metres 300米 Sunshade ['sʌnʃeid] n. 遮阳伞（地址） $319 319英镑 satellite TV 卫星电视 forest ['fɔrist] n. 森林 $10,000 10000英镑 miss [mis] v. 错过 a relative 一个亲戚 a single item 一件 Ludlow（人名）

答案注意事项：

*Sunshade: 是地址，专有名词，首字母大写。

*Ludlow: 人名，专有名词，首字母大写。

版本号：06144=07101=07127=08102

话题背景	卷面识读词汇	答案拼写内容
废物回收	rubbish 垃圾 collection 收集 postcode 邮编 glass 玻璃 plastic 塑料 booklet 小册子	every second week 每月的第2周 Wisrough（人名） No.16 Bridge Road（地址） helpline@blackcat.com（邮件地址） BS9 7PU（邮编） a yellow box 黄色盒子 Central Park 中央公园 metal ['metl] n. 金属 magazine [,mægə'zi:n] n. 杂志 Savvy ['sævi] n. 常识（介绍手册的名字）

答案注意事项：

*Wisrough: 是人名，专有名词，首字母大写。

*No.16 Bridge Road，Central Park：是地址，专有名词，首字母大写。

*BS9 7PU: 英国邮编，数字字母混合信息，字母须大写。

*helpline@blackcat.com 录音中念做 helpline at blackcat dot com。

*Savvy: 是介绍手册的名字，专有名词，首字母大写。

版本号：06146

话题背景	卷面识读词汇	答案拼写内容
音像店布局及其情况介绍	DVD player DVD 机 stockroom 仓库 videotape 录像带 remain the current price 保持现价 comedy 喜剧	8（DVD机的数量） clean [kli:n] *adj.* 清洁的 sign [sain] *n.* 标志
答案注意事项： *此章节前3道题为选项填地图题，后4道题为配对题。		

版本号：07104=08108=07132

话题背景	卷面识读词汇	答案拼写内容
男生与职介中心的女工作人员电话对话，介绍几种不同的工作对比	salary 薪水 appointment 约会 job title 职别 entertainment magazine 娱乐杂志	reporter [ri'pɔ:tə] *n.* 记者 housing ['hauziŋ] *n.* 住房 14 hours/week 每周14小时 £ 7,000 7000英镑 researcher [ri'sə:tʃər] *n.* 研究员 website 网站
答案注意事项： *reporter: 记者，researcher: 研究员。拼写结尾均为-er，注意拼写的准确度。		

版本号：07106=07147=08110

话题背景	卷面识读词汇	答案拼写内容
退换蒸汽锅	escape 泄漏 expiry date 到期日 postcode 邮编	R242（货号） £ 89.99 89.99英镑 City Centre Branch（市中心分店） steam [sti:m] *n.* 蒸汽 refund [ri:'fʌnd] *n.* 退款 April 2008 2008年4月 Mr. Hewitt（人名） 84 Park Road（地址） BG24 1DJ（邮编） once a month 每月一次
答案注意事项： *R242: 货号，数字字母混合信息，字母大写。 *City CentreBranch: 为地名，专有名词，首字母大写。 *April 2008: 2008年4月，月份首字母大写。 *Mr. Hewitt: 人名，专有名词，首字母大写。 *Park Road: 为地名，专有名词，首字母大写。 *BG24 1DJ: 邮编，数字和字母混合信息，字母须大写。		

版本号：07109=09136

话题背景	卷面识读词汇	答案拼写内容
关于电话安装使用费用咨询	calling barrier 呼叫障碍 call diversion 呼叫转移 last 5 calls 最后五个电话 no extra fee 没有额外费用	14 pounds 14英镑 0.8p 0.8便士（每分钟电话费） every three months 每隔3个月 Internet ['intənet] *n.* 国际互联网 line [lain] *n.* 电话线 contract ['kɔntrækt] *n.* 合同 password ['pɑ:swə:d] *n.* 密码

答案注意事项：

*本章节有3道选择题。

*0.8: 录音中念的是 point eight。

*Internet: 专有名词，首字母必须大写。

*password: 密码，是一个单词，注意单词拼写的准确度。

版本号：07111=08116

话题背景	卷面识读词汇	答案拼写内容
咨询不同健康中心诊所位置优势对比	health centre 健康中心 clinic 诊所 free of charge 免费 appointment 约会	4.30pm 下午4点半 evening service 夜间服务 heart disease 心脏疾病 primary school 小学 all ages 所有年龄

答案注意事项：

*heart disease: 心脏疾病，注意失去爆破音，听音要准确。

*all ages: 所有年龄，注意age 拼写加-s，且读音为['eidʒiz]。

版本号：07114=08107

话题背景	卷面识读词汇	答案拼写内容
打电话修理冰箱	fridge 冰箱 fix 修理 recommend 介绍	Michelle Targer（姓名） 16 Queen Avenue 女王大街16号 10 years 10年 noisy ['nɔizi] *adj.* 嘈杂的 door [dɔ:(r)] *n.* 门 fan [fæn] *n.* 风扇 3.30pm 下午3点半 by cheque 付支票 new customer 新顾客 neighbour ['neibə(r)] *n.* 邻居

答案注意事项：
*Michelle Targer: 人名，专有名称，首字母大写。
*16 Queen Avenue: 女王大街16号，地址专有名称，首字母大写。
*by cheque: 付支票，介词一定用by。

版本号：07135

话题背景	卷面识读词汇	答案拼写内容
男生房屋保险	insurance 保险 quotation 报价 reference number 保单号 content 所含之物	Greenway [gri:nwei] 林荫道路（地址） pk2@cat.com （电子邮箱） 5.30pm 下午5点半 18 m^2 18平方米 brick [brik] *n.* 砖 alarm system 报警系统 $148.30 148.3美元 flood [flʌd] *n.* 水灾，洪水 1st August 8月1日 TF274Q5（保单号）

答案注意事项：
*Greenway: 考试录音提到这是一个单词，注意w小写，作为地址G大写。
*18m^2: 念做eighteen square metres，注意18和80的读音区分。
*pk2@cat.com: 念做p k two at cat dot com。
*1st August: 8月1日，月份首字母大写。
*TF274Q5: 保单号码，考试中出现数字字母混合信息字母必须大写。

版本号：07137=08106

话题背景	卷面识读词汇	答案拼写内容
学生与音乐老师电话交谈	violin 小提琴 recommend 推荐 prize 奖品 fee 费用	piano ['pjɑ:nəu] *n.* 钢琴 guitar [gi'tɑ:(r)] *n.* 吉他 drums [drʌms] *n.* 鼓 Easy Tunes 轻松曲调（书名） Sound International 声音国际（商店名） a concert 一场音乐会 CD 光盘 £17.50 17.50英镑 notebook ['nəutbuk] *n.* 笔记本 Tuesday ['tju:zdi] *n.* 星期二

答案注意事项：
*Easy Tune: 轻松曲调是书名，专有名词，首字母大写。
*Sound International: 声音国际，是商店名，专有名词，首字母大写。
*a concert: 一场音乐会，一定要有a。
*notebook: 笔记本是一个单词，不要分开，注意单词拼写的准确度。
*Tuesday: 周二，星期首字母大写。

版本号：07141=09121

话题背景	卷面识读词汇	答案拼写内容
两名男学生合租房子	rental 租金	\$80 80美金 garage ['gærɑːʒ] *n.* 车库 petrol ['petrəl] *n.* 汽油 kitchen ['kitʃin] *n.* 厨房 heater ['hiːtə] *n.* 加热器 toaster ['təustə] *n.* 烤面包机 1st June 6月1日 exam [ig'zæm] *n.* 考试 Friday evenings 每周五晚上 supermarket ['sjuːpəˌmɑːkit] *n.* 超市

答案注意事项：
*Friday evenings: 每周五晚上，周五是专有名词，首字母大写，且evening须加s。
*1st June: 6月1日，月份专有名词，首字母大写。

版本号：07142=09119

话题背景	卷面识读词汇	答案拼写内容
旅游调查	accommodation 住宿 occupation 职业	3 times 3次 weather ['weðə(r)] *n.* 天气 Town Hall 市政厅 variety [və'raiəti] *n.* 多样性 by plane 坐飞机 over 40 40多岁 mid-range 中等范围 tourism ['tuərizəm] *n.* 旅游 good value 好价格 computer programmer 计算机程序员

答案注意事项：
*“weather 天气”和“whether 是否”的拼写须区分开来。
*Town Hall: 市政厅，专有名词首字母须大写。
*by plane: 坐飞机，注意答案必须得有介词by。
*over 40: 超过40岁，注意答案必须得有介词over。
*mid-range: 中等范围，mid和range间必须有“-”。

版本号：07143

话题背景	卷面识读词汇	答案拼写内容
租房	postcode 邮编 bank loan 银行贷款	59 Franklyn Avenue（地址） TH1 7OS（邮编） 01658867（电话） traditional style 传统样式 central heating 中央暖气系统 garage ['gærɑ:ʒ] n. 车库 village ['vilidʒ] n. 村庄 ￡102,000 10.2万英镑 Park Square（地名） collect [kə'lekt] v. 收集

答案注意事项：

*59 Franklyn Avenue: 是地址，专有名词，首字母大写，而且注意地址是Franklyn，而不是Franklin。

*TH1 7OS: 邮编，数字字母混合信息，字母大写。

*central heating: 中央暖气系统，注意听音准确，不是heater是heating。

*Park Square: 地名，专有名词首字母大写。

版本号：07148=08103

话题背景	卷面识读词汇	答案拼写内容
女士致电保险公司索赔被风吹坏的窗户	insurance 保险 level 水平	99261444（电话号码） Advance Insurance Co. 前进保险公司 building ['bildiŋ] n. 建筑物 super ['su:pə(r)] adj. 特级的 kitchen ['kitʃin] n. 厨房 middle ['midl] adj. 中间的 son [sʌn] n. 儿子 next Wednesday 下个星期三 8am 上午8点 10th February 2月10日

答案注意事项：

*Advance Insurance Co.: 前进保险公司，保险公司名称，专有名词，首字母大写。

*Wednesday: 星期三，星期首字母大写。

*10th February: 2月10日，月份首字母大写。

版本号：08101

话题背景	卷面识读词汇	答案拼写内容
为参观海洋馆订票	rare fish 稀有鱼类 coral reef 珊瑚礁 rock pool 岩礁池	Sandy's College 桑迪学院 6 Beach Road （地址） 077691584 （手机号码） 14 people 14个人 wheelchair ['wi:ltʃɛə] *n.* 轮椅 31st October 10月31日 by cheque 付支票

答案注意事项：

*Sandy's College: 桑迪学院，专有名称，首字母大写。

*6 Beach Road: 地址，专有名称，首字母大写。

*wheelchair: 轮椅，是一个单词，注意单词拼写的准确度。

*31st October: 10月31日，月份专有名词，首字母大写。

*by cheque: 付支票，注意用介词 by。

版本号：08109

话题背景	卷面识读词汇	答案拼写内容
男士打电话给报社，登广告卖用过的电脑桌	relative 亲戚 office furniture 办公家具 shelf 架子	124 Green Street （地址） 6547890 （电话号码） Goods [gudz] *n.* 商品 Bargain ['bɑ:gin] *n.* 特价商品 printer ['printə] *n.* 打印机 excellent ['eksələnt] *adj.* 极好的 $99 99美元 $6 6美元

答案注意事项：

*124 Green Street: 地址，专有名称，首字母必须大写。

*Goods: 商品，注意拼写的准确度，一定后面有-s, 且这个报纸版块的题目是 The Goods for Sale商品代售，Goods为专有名称，首字母必须大写。

*Bargain: 特价商品，是录音中那个男士给他的广告取的名字，专有名称，首字母必须大写。

版本号：08111

话题背景	卷面识读词汇	答案拼写内容
女士让他人来整理新家	contact接触，联系 mower割草机	Mackuiar（人名） North Bay（地址） 27196371936（电话号码） 1936（年） roof [ru:f] *n.* 屋顶 back wall后墙 weeds [wi:dz] *n.* 杂草 bushes ['buʃiz] *n.* 灌木（丛） Saturday ['sætədi] *n.* 星期六 11.00am 上午11点 blue gate蓝色大门

答案注意事项：

*Mackuiar: 人名，专有名词，首字母大写，录音中没有提到，但原则上英文Mac开始的人名地名，第4个字母应大写。

*North Bay: 地址，专有名词，首字母大写。

*Saturday: 星期六，专有名词，首字母大写。

版本号：08112=09102

话题背景	卷面识读词汇	答案拼写内容
预定酒店开party	card卡片 discount折扣	￡7575英镑 standard ['stændəd] *n.*标准 traditional [trə'diʃnl] *adj.*传统的 ￡39.5039.5英镑 drinks [driŋks] *n.*饮料 band [bænd] *n.*乐队 flowers ['flauəz] *n.*花 name [neim] *n.*名字 45%（预订折扣） Corgen（姓名）

答案注意事项：

*Corgen: 姓名，专有名词，首字母大写。

版本号：08113=09127

话题背景	卷面识读词汇	答案拼写内容
安排酒店接待	location 位置 problem 问题	Pritchett（人名） Room 302 302室 coffee ['kɔfi] n. 咖啡 canteen [kæn'ti:n] n. 食堂 airport [ɛə(r)'pɔ:t] n. 机场 central ['sentrəl] adj. 中心的 near the river 河附近 expensive [ik'spensiv] adj. 昂贵的 noisy ['nɔizi] adj. 嘈杂的 near the park 公园附近

答案注意事项：

*Pritchett: 人名，专有名称，首字母大写。

*Room 302: 302室，地点专有名称，首字母大写。

版本号：08114=09142

话题背景	卷面识读词汇	答案拼写内容
男女生关于网上购物的聊天对话	job application 工作申请 poor quality 糟糕的质量 choice 选择	clothes [kləuðz] n. 衣服 sports equipment 运动设备 pay [pei] v. 付款 Saturday ['sætədi] n. 星期六 letter ['letə] n. 信

答案注意事项：

*clothes: 衣服，注意区分cloth [klɔ(:)θ] n.和clothes [kləuðz] n.在读音和意思上的区别。

*sports equipment: 运动设备，注意拼写的准确度，是sports（有关运动的）而不是sport。

*Saturday: 星期六，专有名词，首字母大写。

版本号：08115=09107

话题背景	卷面识读词汇	答案拼写内容
坐公交车丢失行李，填报失单	total value 总价值 feature 特点 content 所含之物	Maine（姓名） 23rd March 3月23日 42A 42A路（公交车） cream [kri:m] adj. 淡黄色，乳白色 long strap 长带子 nylon ['nailən] n. 尼龙 CDs 光碟 jeans [dʒi:nz] n. 牛仔裤 £345 345英镑 rack [ræk] n. 行李架

答案注意事项：

*Maine: 姓名，专有名词，首字母大写。

*23rd March: 3月23日，月份专有名词，首字母大写。

*42A: 42A路（公交车），数字字母混合信息，字母大写。

*jeans: 牛仔裤，答案一定要有-s，注意拼写的准确度。

版本号：08118=08136

话题背景	卷面识读词汇	答案拼写内容
男士办理信用卡	annual fee 年费	Murray Atkins（姓名）
	withdraw 取	53 Green Street（地址）
	bonus 奖金，红利	West Lake（城镇名称）
	extra charge 附加费	18. 09. 1973（生日）
	overdraft 透支	98473321（电话号码）
		driving licence 驾驶执照
		$2,000 2000美元

答案注意事项：

*Murray Atkins: 是姓名，专有名词，首字母大写。

*53 Green Street，West Lake：是地址，地名，专有名词，首字母大写。

*18.09.1973: 是生日，因为此题的题目要求为no more than two words and/or a number，答案如写成18th September, 1973（一个单词带两个数字）则不能满足题目要求，因此答案必须写成18.09.1973。

*driving licence或driving-licence: 驾驶执照，美式英语常表达为driver's license。

版本号：08122

话题背景	卷面识读词汇	答案拼写内容
租房咨询对三套房源对比介绍	facility 设施	living room 客厅
	campus 校园	washing machine 洗衣机
		TV & video 电视和录像机
		washbasin 洗手池
		lamp [læmp] *n.* 灯
		evening meals 晚饭
		100 pounds 100英镑
		bathroom ['bɑ:θru:m] *n.* 浴室
		kitchen ['kitʃin] *n.* 厨房

答案注意事项：

*washbasin: 洗手池，是一个单词，注意单词拼写的准确度。

版本号：08129=09124

话题背景	卷面识读词汇	答案拼写内容
参加俱乐部	subscription 会员费 membership 会员资格 annual 每年的	radio programme 广播节目 mj@hennings.co.uk （电子邮箱） 2 years 2年 Union Bank 联合银行 £49 49英镑 joint account 两人共有的银行账户 15th October 10月15日 reference number 会员编号 JW142 （编号） video ['vidiəu] *n.* 录像带

答案注意事项：

*mj@hennings.co.uk: 电子邮箱，中间是co，代表的是company而不是com，注意听辨音。

*Union Bank: 联合银行，专有名称，首字母大写。

*15th October: 10月15日，月份专有名词，首字母大写。

*JW142: 考试中出现数字字母混合信息，字母必须大写。

版本号：08135=09137

话题背景	卷面识读词汇	答案拼写内容
加入健身俱乐部	save money 省钱 membership 会员资格 get married 结婚 fitness 健康 underwater 水下的 swimming 游泳 weight 力量	24.08.1979 （生日） Fox Road （地址）

答案注意事项：

*24.08.1979: 是生日，因为此题的题目要求为no more than three words and/or a number，答案如写成24th August, 1979（一个单词带两个数字）则不能满足题目要求，因此答案必须写成24.08.1979。

*Fox Road: 是地名，专有名词，首字母大写。

*这部分的3～10题是选择和配对题。

版本号：08137

话题背景	卷面识读词汇	答案拼写内容
看医生	clinic 诊所 appointment 约会 prescription 处方	95 Cross Street（地址） Walkey（地名） knee [niː] n. 膝，膝盖 old wound 旧伤 go upstairs 上楼 back pain 后背疼痛 stick [stik] n. 棍，手杖 exercise ['eksəsaiz] n. 锻炼 cushion ['kuʃən] n. 垫子 7989PU（号码）

答案注意事项：

*95 Cross Street: 是地址，专有名称，首字母大写。

*Walkey: 地名，专有名称，首字母大写。

*go upstairs: 上楼，注意是upstairs而不是upstair，注意拼写的准确度。

版本号：08138

话题背景	卷面识读词汇	答案拼写内容
男人购买烧烤工具，不同型号对比介绍	gas汽油 charcoal木炭 steel钢 special feature特点 brick砖 trolly脚轮车 metal金属 indicator指示器 gas tank汽油桶 refund退款	cover ['kʌvə] n盖子 £499 499英镑 shelf [ʃelf] n. 架子 double grill双层烤架 select [si'lekt] adj. 精选的 heat [hiːt] n. 热，热度 15 kilograms 15千克 forest ['fɔrist] n. 森林 traditional industry传统工业 wrong [rɔŋ] adj. 不适合的

答案注意事项：

*select: 精选的，注意select 此处是形容词，不要写成selected。

版本号：08141=09141

话题背景	卷面识读词汇	答案拼写内容
男生向当地旅游管理员咨询	coastal 临海的 rainforest 雨林	moderate ['mɔdərət] *adj.* 适度的 12.5km 12.5公里 fish [fiʃ] *n.* 鱼 beach [biːtʃ] *n.* 海滩 seafood ['siːfuːd] *n.* 海鲜 waterfall ['wɔːtəfɔːl] *n.* 瀑布 £279 279英镑 bridge [bridʒ] *n.* 桥 5.30pm 下午5点半 map [mæp] *n.* 地图

答案注意事项：

*seafood 海鲜，waterfall 瀑布：均为一个单词，注意拼写的准确度。

版本号：08142

话题背景	卷面识读词汇	答案拼写内容
女士买冰箱，对比不同品牌	freezer冷冻室 fridge冰箱，冷藏室 silver银色的 delivery fee运送费用	Mrs. Beecroft（人名） $10.00 10美元 in cash付现金 elevator ['eliveitə] *n.* 升降机 $922 922美元

答案注意事项：

*Mrs. Beecroft: 是人名，专有名词，首字母大写。

*in cash: 付现金，注意答案前要加in不是by。

*elevator: 升降机，注意拼写的准确度，是-or不是-er。

版本号：08143

话题背景	卷面识读词汇	答案拼写内容
男士咨询租房服务	leisure center休闲中心 park公园 central中心的 occupation职业	Jacobe（姓名） engineer [ˌendʒi'niə(r)] *n.* 工程师 1st August 8月1日

答案注意事项：

*此部分前2道题为选择题，后5道题为配对题。

版本号：08145=09101

话题背景	卷面识读词汇	答案拼写内容
女士给女儿到学校报名	nationality 国籍 allergy 过敏 relationship 关系 Science 科学 Cantonese 广东话 Maths 数学	Australian [ɔ'streiliən] *n.* 澳大利亚人 65 Park Road （地址） 027146767 （电话号码） her grandmother 她的祖母 nuts [nʌts] *n.* 干果 reading ['ri:diŋ] *n.* 阅读

答案注意事项：

*Australian: 澳大利亚人，专有名词，首字母大写。

*65 Park Road: 地址，专有名词，首字母大写。

*her grandmother: 她的祖母，答案必须有代词her（她的）。

版本号：08146=09114

话题背景	卷面识读词汇	答案拼写内容
音乐老师与家长关于选课意向、课程时间调整等的电话对话	good example 好的典范 dancing class 舞蹈课 singing class 歌唱课 fee 费用	write music 写音乐 £85 85英镑 14th September 9月14日 Curtis （名字）

答案注意事项：

*14th September: 9月14日，月份专有名词，首字母大写。

*Curtis: 名字, 专有名词，首字母大写。

版本号：08148=09135

话题背景	卷面识读词汇	答案拼写内容
女士房屋保险咨询	area 面积 facility 设施 structure 结构	11 Bridge Street （地址） 63343887 （电话号码） 90 years 90年 wood [wud] *n.* 木头，木材 garage ['gærɑ:ʒ] *n.* 车库 180 m^2 180平方米 smoke alarm 烟雾警报器 replacement policy 更换条例（保险） monthly ['mʌnθli] *adj. & adv.* 每月的（地） $648 648美元

答案注意事项：

*11 Bridge Street: 地址，专有名词，首字母大写。

版本号：09103

话题背景	卷面识读词汇	答案拼写内容
澳洲旅行咨询	surname 姓 kangaroo 袋鼠 facilities 设施	Thore（姓） 5 days 5天 Gold Coast 黄金海岸 motel [məu'tel] *n.* 汽车旅馆 playroom ['pleiru:m] *n.* 儿童游戏室 laundry ['lɔ:ndri] *n.* 洗衣房 cleaning ['kli:niŋ] *n.* 打扫卫生

答案注意事项：
*本章节中间3道为选择题。
*Thore: 是姓名，专有名词首字母大写。
*Gold Coast: 黄金海岸，地点专有名词，首字母大写。
*playroom: 儿童游戏室，是一个单词，注意拼写的准确度。

版本号：09104

话题背景	卷面识读词汇	答案拼写内容
咨询如何寄包裹到美国	express 迅速的 content 所容纳之物	Friday ['fraidi] *n.* 星期五 International [,intə'næʃnəl] *adj.* 国际的 Hillnan（收信人名字） 40 Mountain Road 山岳路40号（地址） North Building 北楼（地址） Park Avenue 公园街（地址） 6 books 6本书 photographs ['fəutəgrɑ:fs] *n.* 照片，相片 $98 98美元 ID code 单据登记编码

答案注意事项：
*Friday: 周五，星期为专有名词，首字母大写。
*International: 国际的，此处填写的是寄信种类，International Express国际特快，专有名词，International首字母必须大写。
*Hillnan: 是收信人名字，姓名为专有名词，首字母大写。
*40 Mountain Road，North Building，Park Avenue: 均为地址，专有名词，首字母大写。

版本号：09105

话题背景	卷面识读词汇	答案拼写内容
一个女士从新西兰到澳大利亚来工作	initial 首字母 postcode 邮政编码	job [dʒəub] *n.* 工作 short [ʃɔːt] *adj.* 短的 friend [frend] *n.* 朋友 2 months 2（个月） Simmons（姓） 22nd September 9月22号 16 Ocean Drive 大洋街16号 1733（邮编）
答案注意事项： *本章节后两道题为多选题。 *Simmons: 是姓，姓名是专有名词，首字母大写。 *22nd September: 9月22日，月份为专有名词，首字母大写。 *16 Ocean Drive: 大洋街16号，地址为专有名词，首字母大写。		

版本号：09106=09130

话题背景	卷面识读词汇	答案拼写内容
女生兼职面试	weekend 周末 evenings 晚上 occupation 职业 major 专业 preference 偏爱	Acacia（街名） RA6 7BU（英国邮编） Photography [fəˈtɔgrəfi] *n.* 摄影术 flower [ˈflauə] *n.* 花 nursery [ˈnəːsəri] *n.* 托儿所 waitress [ˈweitris] *n.*（女）服务员
答案注意事项： *Acacia: 街名，专有名词，首字母大写。 *RA6 7BU: 英国邮编，数字字母混合信息，字母大写。 *Photography：摄影术，是专业名称，专有名词，首字母大写。		

版本号：09108

话题背景	卷面识读词汇	答案拼写内容
关于社区居住环境的调查	contract 合同	BH24 6GL（邮编） accountant [əˈkauntənt] *n.* 会计师，会计员 18 months 18个月
答案注意事项： *本章节后7道为选择题。 *BH24 6GL: 为英国邮编，数字字母混合信息，字母必须大写。		

版本号：09109

话题背景	卷面识读词汇	答案拼写内容
电影俱乐部会员咨询	thriller 惊悚片 discount 折扣 fee 服务费，酬金	action (movie) 动作片 450 （个观众） 17th April 4月17日 discussion [di'skʌʃn] n. 谈论，讨论 exhibition [ˌeksi'biʃn] n. 展览品；展览 bookshop ['bukʃɔp] n. 书店 formal meetings 正式会议 month [mʌnθ] n. 月份，月 tickets ['tikits] n. 票 guest [gest] n. 宾客，客人

答案注意事项：

*17th April: 4月17日，月份为专有名词，首字母大写。

*exhibition: 展览，注意拼写的准确度，不要缺少字母h。

*bookshop: 书店，是一个单词，注意单词拼写的准确度。

版本号：09110

话题背景	卷面识读词汇	答案拼写内容
一位女士打电话为旅游预定酒店房间	book 预定 discount 折扣	18th （日期） $63 63美元 river ['rivə] n. 河，江 Rayleigh （姓） 4592 6384 3101 3999 （信用卡号码） December [di'sembə] n. 十二月 horse riding 骑马 Tree Centre 树木中心 Sunday ['sʌndi] n. 星期日 Internet ['intənet] n. 国际互联网，因特网

答案注意事项：

*Rayleigh: 是姓，人名专有名词，首字母大写。

*December: 十二月，月份专有名词，首字母大写。

*Tree Centre: 树木中心，地点专有名词，首字母大写。

*Sunday: 星期日，星期专有名词，首字母大写。

*Internet: 国际互联网，因特网 ，专有名词，首字母大写。

版本号：09111=09131

话题背景	卷面识读词汇	答案拼写内容
四种房源住宿情况对比	contract 合同 accommodation 住宿 utilities 公共设施	lunch [lʌntʃ] n. 午餐 term [təːm] n. 期限 studio ['stjuːdiəu] n. 一居室 12 months 12个月（合同规定所签署的时间） ￡43 43镑（电费） water ['wɔːtər] n. 水 Friendly Faces 友好的面孔（学生公寓的名字） ￡80 80镑（租金） bills [bilz] n. 账单 meals [miːlz] n. 餐

答案注意事项：
*Friendly Faces: 友好的面孔，是学生公寓的名字，专有名词，首字母大写。

版本号：09112

话题背景	卷面识读词汇	答案拼写内容
一个女孩租的房子有问题，找到中介要修理	contact 联系 sign 签署 carpet 地毯 water heater 热水器	cousin ['kʌzn] n. 堂（表）兄弟（姊妹） service manager 服务经理 $50 50美元 private company 私人公司 mobile number 手机号码 agreement [ə'griːmənt] n. 协定，协议

答案注意事项：
*本章节后4道题为选择题。

版本号：09113

话题背景	卷面识读词汇	答案拼写内容
报告活动内容情况介绍	activity 活动 conference 会议 talk 演说	workshop ['wəːkʃɔp] n. 专题讨论会 discussion [dis'kʌʃən] n. 讨论 library ['laibrəri] n. 图书馆 202 266 3774 （电话） 24 River Lane （地址）

答案注意事项：
*workshop: 专题讨论会，是一个单词，注意单词拼写的准确度。
*discussion: 讨论，单词中间有两个s，注意单词拼写的准确度。
*24 River Lane: 地址，专有名词，注意首字母大写。
*本章节中间5道为配对题。

版本号：09117

话题背景	卷面识读词汇	答案拼写内容
男女关于展览情况的咨询介绍	exhibition 展览 specifications 规格，说明 venue 活动场地 transport 交通 admission 入场费 no charge 免收费用 security 安全	25th June 6月25日（游客参观日期） demonstrations [ˌdemən'streiʃns] *n.* 展示 use [ju:s] *v.* 使用 questions ['kwestʃəns] *n.* 问题 hardware ['hɑ:dwɛə(r)] *n.* 硬件 Internet [ˌintə'net] *n.* 国际互联网 $210 210美元 Skydome（活动场地） by subway 乘地铁 cameras ['kæmərəs] *n.* 照相机

答案注意事项：

*25th June: 6月25日是游客参观日期，专有名词，首字母大写。

*Internet: 国际互联网，专有名词，首字母I大写。

*Skydome: 是活动场地，专有名词，首字母大写。

*by subway: 乘地铁，地铁前要加介词by。

版本号：09126

话题背景	卷面识读词汇	答案拼写内容
一位女士要找工作，向一位男士咨询工作情况	upset 使心烦 employee 员工 customer 顾客 complaint 抱怨 surroundings 环境	weekends ['wi:kəndz] *n.* 周末 900641（电话号码） tools [tu:ls] *n.* 工具 carpets ['kɑ:pits] *n.* 地毯 website ['websait] *n.* 站点 training ['treiniŋ] *n.* 培训

答案注意事项：

*website: 站点，是一个单词，注意拼写的准确度。

版本号：09129

话题背景	卷面识读词汇	答案拼写内容
旅游度假预订彩虹酒店	postcode 邮编 location 位置 kitchen 厨房 bathroom 浴室 facility 设施 amenities 生活福利设施 rainbow 彩虹	T03 4YU（英国邮编） South Coast 南海岸 quiet ['kwaiət] *adj.* 安静的 farm [fɑ:m] *n.* 农场 3 rooms 3个房间 garage ['gærɑ:ʒ] *n.* 车库，加油站 cafe ['kæfei] *n.* 咖啡馆 bath [bɑ:θ] *n.* 沐浴，浴缸 freezer ['fri:zər] *n.* 冰柜 Country Life 乡村生活（杂志名称）

答案注意事项：

*Country Life: 乡村生活，是杂志名称，专有名词，首字母大写。

*South Coast: 南海岸，是地点专有名词，首字母大写。

*T03 4YU: 英国邮编，数字字母混合信息，字母大写。

*quiet: 安静的，注意和单词quite[kwait] *adv.*（完全地）在拼写和读音上的区别。

*Kesteven: 联系人姓名，专有名词，首字母大写。

版本号：09132

话题背景	卷面识读词汇	答案拼写内容
一位女士请家政服务	extra services 额外服务 bed linen 床单及枕套 thoroughly clean 彻底清洁 carpet 地毯 iron 铁 maximum 最大值	Southwest ['sauθwest] *n.* 西南部 double ['dʌbl] *adj.* 双的 office ['ɔfis] *n.* 办公室 lounge [laundʒ] *n.* 休息室 Amyes（街名） Thursday ['θə:zdi] *n.* 星期四 3 hours 3个小时

答案注意事项：

*Southwest: 西南部，是一个单词，注意拼写的准确度，且此处表示的是位置，专有名词，首字母大写。

*Amyes: 街名专有名词，首字母大写。

*Thursday: 星期四，专有名词，首字母大写。

版本号：09133

话题背景	卷面识读词汇	答案拼写内容
女士电话咨询医生关于看眼睛的问题	postcode邮编 chemist's 药店 tennis 网球	EF14 2BA（英国邮编） Queens （地址） 1986 （出生的年代） new [nju:] *adj.* 新出现的 flashing ['flæʃiŋ] *n.* 闪光 bright [brait] *adj.* 光亮的 Atkinson（姓名） Central ['sentrəl] *adj.* 中心的 rest [rest] *n.* 休息 eye drops 眼药水

答案注意事项：

*EF14 2BA: 英国邮编，数字字母混合信息，字母必须大写，读作E-F-fourteen-two-B-A。

*Queens: 地址，专有名词，首字母大写。

*Atkinson: 姓名，专有名词，首字母大写。

*Central: 中心的，此处是诊所名字的一部分，专有名词，首字母大写。

*1986: 出生的年代，注意连读语音现象nineteen eighty-six。

*eye drops: 眼药水，注意drop必须加-s，drops。

版本号：09134

话题背景	卷面识读词汇	答案拼写内容
一家人从美国搬到澳大利亚需要租房子	phone 电话 location 位置	work [wə:k] n. 工作 Sonmaton（姓名） 3 3岁（年龄） flat [flæt] n. 一套房间，公寓套房 North [nɔ:θ] n. 北部 park [pɑ:k] n. 公园 pool [pu:l] n. 水池 £650 650镑（租金） 15 December 12月15日（搬家时间） hotel [həu'tel] n. 酒店

答案注意事项：
*North: 北部，表示的是位置，专有名词，首字母须大写。
*Sonmaton: 姓名，专有名词，首字母大写。
*此章节答案要求: One word and/or a number，注意答案的字数和数字要求。

版本号：09138

话题背景	卷面识读词汇	答案拼写内容
举办宴会，三个酒店咨询对比	old fashioned 过时的 menu 菜单 limited parking 有限的停车位置	Bridge Road（地址） conference ['kɔnfərəns] n. 会议 £4800 4800英镑（宴会基本价钱） drinks [driŋks] n. 饮料 Cornell（联系人姓名）

答案注意事项：
*Bridge Road: 是地址，专有名词首字母大写。
*Cornell: 是联系人姓名，专有名词，首字母大写。
*本章节中间5道题为配对题。

版本号：09143

话题背景	卷面识读词汇	答案拼写内容
预订旅游住宿	accommodation 住所 package 一揽子交易 dreamtime [澳]（澳大利亚土著神话中的）黄金时代 luxury 豪华，奢华，奢侈 budget 预算	flights [flaits] n. 飞行，飞翔；航班 April ['eiprəl] n. 四月 cheapest [tʃi:pist] adj. 最便宜的 non-smoking 禁止吸烟 Johna Smyth（人名） $110 110美元 Culture Centre 文化中心 camel farm 骆驼农场 desert ['dezət] n. 沙漠 stars [stɑ:(r)s] n. 星星

答案注意事项：

*April: 四月，专有名词，首字母大写。

*Johna Smyth: 姓名，专有名词，首字母大写。

*Culture Centre: 文化中心，地点专有名词，首字母大写。

*desert: 沙漠，注意与dessert [di'zəːt]甜点在读音和拼写上的区别。

版本号：09144

话题背景	卷面识读词汇	答案拼写内容
一位女士给主办方打电话，咨询比赛的相关情况	tent 帐篷 snacks 小吃，点心 nationality 国籍	Eunice（姓名） 044-78-7403-7333（电话号码） British ['britiʃ] *adj.* 英国人 healthcare ['helθkɛə(r)] *n.* 卫生保健 advertisement [əd'vəːtismənt] *n.* 广告

答案注意事项：

*本章节前5道题为选择题。

*Eunice: 为专有名词，首字母大写。

*British: 英国人，国籍为专有名词，首字母大写。

*healthcare: 是邮箱地址的前半部分，录音中说这是一个单词，注意拼写的准确度。

*advertisement: 广告，注意单词拼写的准确度。

版本号：09145

话题背景	卷面识读词汇	答案拼写内容
舞蹈课程咨询	beginner 初学者 partner 伙伴，同伙 leather 皮革	Rhys（名字） 18th June 6月18日 phone book 电话本

答案注意事项：

*本章节前4道为配对题，后3道为选择题。

*Rhys: 是名字，专有名词，首字母大写。

*18th June: 6月18日，月份专有名词，首字母大写。

版本号：09146

话题背景	卷面识读词汇	答案拼写内容
关于预订农场活动	ferry 渡船 van（有篷盖的）客货车	Pennington（姓名） *********@greenworld.com 邮箱地址（@前面信息卷面已给出） 66 Lake Road（地址）湖路66号 radio ['reidiəu] *n.* 无线电，收音机 UK765024EG（注册会员号） flat [flæt] *n.* 公寓；单元房 forest campsite 森林营地 organic [ɔːˈgænik] *adj.* 有机的 bike [baik] *n.* 自行车 dance course 舞蹈课

答案注意事项：
*Pennington: 是姓名，专有名词，首字母大写。
*66 Lake Road: 地址，专有名词，首字母大写。
*UK765024EG: 是注册会员号，数字字母混合的信息，字母大写。
*forest campsite: 森林宿营区，campsite是一个单词，注意单词拼写的准确度。

版本号：09147

话题背景	卷面识读词汇	答案拼写内容
为父亲庆祝生日，选择酒店，各种酒店的比较及准备工作	the disabled access 残疾人士使用的设施	deposit [di'pɔzit] *n.* 押金 invitations [ˌinvi'teiʃnz] *n.* 邀请 transport [træn'spɔːt] *n.* 运送 present ['preznt] *n.*（指人）出席，在场

答案注意事项：
*本章节前6道为配对题。

请关注卢峭梅老师预测网站：

http://blog.sina.com.cn/luqiaomei

预测记录

Section One

SECTION 2

雅思听力的难度是分级别的，从Section 1到Section4，难度逐级上升。而难度不同，考试任务也就不同。Section 1是保分，Section 2 & 3是争分，Section 4 则是挑战。

Section 2——文化背景（Culture Context）

这一部分主要是向考生们介绍英国、澳大利亚等国的风土人情，听力内容更加丰富多彩：传统节日、特色旅游、电台节目、社交生活、慈善事业、各种培训课程介绍等。如：历史悠久的古老建筑（historic architecture），风格独特的乡村小镇（towns and villages），富有当地特色的传统节日（festivals），充满爱心的慈善机构（charity），每日娱乐生活的博物馆俱乐部（museums & clubs）等。总之，听力题材体现了英联邦国家的文化特色，而且这一章节与其他三个章节比较，选择题出现的是最多的，因此考生在做题时注意paraphrase会有所增多。

21=08123

27=07122

31=40201=50124

37=50108=06102=07112

40=50112

66=30042=30043=30058=30060=30072=30074=30076=30079=40114=40214=07104=07127=08134

68=30032=30033=30034=30036=30037

71=50102=50137=06111

30014=30018=50121=08131

30020=40101=40211=06148=08104=08108=08125

30041=07132

30049=07131

30061=07119

30064=07126=08121

30081=07137=09132

30086=08130=08142

40103=40116=40216=06130

40110=40203=06319

50109=50233=06120=07109

50114=50147=06121=08135

50118=07118

06106=06141=07143=08111

06110=07121=08119

06125=09121

07107=09126

07134=08112=09113

07138=09124

07142=09125

08114=08117

08120=08141

08138=09133

08144=09138

08145=09135

09103=09119

09120=09146

26=07101

29=40105=40215=50113=50127=06136=06316

34=50134=50139

38=50101=06119=06139=06140=08110

41=06134=06144=08143

67=40213=50301

69=40102=40112=40208

20023=30015

30019=40113=40123=50103=50105

30038=06126=06138=07148

30044=40202=50106=06146=08126

30059=08128

30062=07102=09130

30080=08113=09127

30085=08137

30090=07145=09109=09123

40104=40206

40205=50131=06124

50110=50126=06103=07125=08118

50116=50133=08129

06101=09143

06108=06109=07147

06114=07111

06142=09114

07116=08140

07135=08109

07139=09131

08102=09145

08115=08132

08122=09128

08139=09112

08148=09102

08146=09136

09108=09129

版本号：21=08123

话题背景	卷面识读词汇	答案拼写内容
澳洲大学介绍	reception 接待 notice board 公告牌 Macquarie University 麦考瑞大学 Wollongong University 卧龙岗大学 University of Technology Sydney 悉尼科技大学	Thursday ['θə:zdi] *n.* 星期四 9 am 上午9点 15 minutes 15分钟

答案注意事项：

*此章节前7道题为选择题。

*Thursday: 首字母大写。

*9 am: am上午，pm下午，是英式拼法；AM，PM是美式拼法，均正确。

版本号：22

话题背景	卷面识读词汇	答案拼写内容
澳大利亚某地旅游介绍	cable car 缆车 drop-off（让某人）下车，把某人放下 tractor 拖拉机 Shopping Centre 购物中心 mid-morning 上午（10点左右） fossils 化石 mammal 哺乳动物 lotion 护肤液	8.10am（上午）8点10分 40,000（年） beach walk 海滩散步 stern [stə:n] *n.* 船尾 swimming costume 游泳衣 lunch [lʌntʃ] *n.* 午饭 a hat & a jacket 一个帽子和一件夹克

答案注意事项：

*此部分的卷面字数要求 no more than four words or a number。

*8.10am、8.10AM: 前者是英式拼法，后者是美式拼法，均正确。

*swimming costume: 游泳衣，swimming为双写m，注意拼写的准确度。

版本号：23

话题背景	卷面识读词汇	答案拼写内容
学校资源介绍	outside activity 室外活动 operating hours 开放时间	300（学生数量） 150（新生数量） USA 美国 South Africa 南非 Australia [ɔ'streiliə] *n.* 澳大利亚 8.00am - 4.30pm 早晨8点到下午4点半 books [buks] *n.* 书 cassettes [kə'sets] *n.* 盒式磁带 video ['vidiəu] *n.* 录像带 book in advance 提前预订 culture ['kʌltʃə(r)] *n.* 文化 local music 当地的音乐

答案注意事项：

*USA（美国），South Africa（南非），Australia（澳大利亚）：均为地名，专有名词，首字母大写。

*此部分的卷面字数要求no more than four words or a number，早晨8点到下午4点30，答案注意要写成8.00am - 4.30pm，如果写成8.00am to 4.30pm，不能满足试卷上的数字要求。

*cassette: 盒式磁带，注意拼写的准确度。

*video: 录像带，其复数形式为在o之后加-s。

*book in advance: 提前预订，注意连读语音现象。

*local music: 当地的音乐，答案一定要有local。

版本号：24

话题背景	卷面识读词汇	答案拼写内容
四个动物园情况比较	feature 特征 blind visitors 盲人游客 fee 费用 drawback 不利条件	touch table（为盲人设计的）触控台 special talks 特殊的演讲 restaurant ['restrɔnt] *n.* 饭馆 £4.60 4.60镑（门票价钱） famous rare lion 著名的稀有狮子 smelly cages 有臭味的笼子 £6.20 6.20镑（门票价钱） ape hours（观赏）猿的时间 £9.00 9.00镑（门票价钱） design for children 为孩子而设计 terrible monkey cages 糟糕的猴子笼

答案注意事项：

*touch table:（为盲人设计的）触控台，注意吞音。

*ape hours:（观赏）猿的时间，注意答案hours，此处的意思是（工作、设施等的）固定时间，必须加-s，且注意吞音。

版本号：25

话题背景	卷面识读词汇	答案拼写内容
关于学生如何节省开支的讲座	finance 金融	second-hand 二手的 common-room 师生公共休息室 share book 共享课本 one copy 一册 over $200 200多美元 equipment [i'kwipmənt] *n.* 设备 essential [i'senʃl] *adj.* 本质的，必不可少的 petrol cost 汽油费 student service 学生服务 waste money 浪费钱财

答案注意事项：

*second-hand: 二手的，是一个单词中间用连字符“-”连接，如果是两个单词second hand，则是秒针的意思。

*equipment: [i'kwipmənt] 设备，是不可数名词，不能加-s。

版本号：26=07101

话题背景	卷面识读词汇	答案拼写内容
幼儿园介绍	kindergarten 幼儿园 painting 绘画 certificate 证书 childcare 照料孩子 full-placement 全托 fee 费用	special computer 特别的电脑 wheelchair 轮椅 the retired house 一个老年公寓 local pet shop 当地宠物店 $250/week 每周250美元 doctor's name 医生姓名 emergency contact number 紧急情况联系电话

答案注意事项：

*wheelchair: 轮椅，是一个单词，注意单词拼写的准确度。

版本号：27=07122

话题背景	卷面识读词汇	答案拼写内容
关于去Eznia旅游的介绍	visa 签证 nationality 国籍 miscellaneous 各种各样的 consulate 领事馆 dispute 争论 bureaucracy 官僚机构 denomination 度量衡或货币的单位 commission 佣金 fraud 假货 scandal 丑闻	90 days 90天 30 pounds 30英镑 embassy ['embəsi] *n.* 大使馆 page 13 第13页 currency form 货币携带申报表 International Student Card 国际学生卡 passport photos 护照照片 Yen 日圆 Australian dollar 澳元 video cameras 摄影机

答案注意事项：

*International Student Card: 国际学生卡，专有名词，首字母大写。

*photo: 照片，复数形式直接加-s，photos。

*Yen: 日圆，专有名词，首字母大写。

*Australian: 澳大利亚，专有名词，首字母大写。

*video cameras: 摄影机，复数形式s只加在camera后边。

版本号：29=40105=40215=50113=50127=06136=06316

话题背景	卷面识读词汇	答案拼写内容
一个计算机年会的会议日程	cocktail 鸡尾酒 refreshments 茶点 reception 接待 delegate 代表 in total 整个地 packed lunch 盒装午饭 barbecue 烧烤 foyer 大厅	Professor John Smith 约翰 · 史密斯教授 Computers as Teachers 计算机作为教师 Sea View Restaurant 海景饭店 ground floor 第一层 3.10pm 下午3点10分 Palm Lounge 棕榈树大厅（地名）

答案注意事项：

*ground floor: 第一层，注意失去爆破音。

*Professor John Smith: 约翰·史密斯教授，Professor 教授，是称谓，作为专有名词，首字母大写。

*Palm Lounge: 棕榈树大厅，地点专有名词，首字母大写。

*Computers as Teachers: 计算机作为教师是讲座的题目，专有名词，首字母大写，专有信息词组中少于5个字母的介词、连词应小写，因此as无须大写。

*Sea View Restaurant: 海景饭店，专有名词，首字母大写。

版本号：30

话题背景	卷面识读词汇	答案拼写内容
海外学生可能遇到的问题及学校提供相关服务帮助的讲座	counsel 商议，忠告 self-esteem 自尊 interest-free 没有利息的 loan 贷款 unsociable 不爱交际的	

答案注意事项：

*这一章节全部为选择题。

*《剑4》Test 2的S2，不会再考。

版本号：31=40201=50124

话题背景	卷面识读词汇	答案拼写内容
一个男人讲述他的平凡一天	technology 技术 sportsman 运动员 traffic jam 交通阻塞 sense of achievement 成就感 voting system 选举制度	

答案注意事项：

*这一章节全部为选择题。

版本号：32

话题背景	卷面识读词汇	答案拼写内容
医生给病人诊断开处方	penicillin 青霉素 fortnight 两周 side effect 副作用 spoon 汤匙	chest infection 肺部感染 3 weeks 3周 antibiotics [ˌæntibaiˈɔtiks] *n.* 抗生素 2（每次吃药的量） before meals 餐前 cough medicine 复方镇咳药 drowsiness [ˈdrauzinis] *n.* 睡意 X-ray X光 reception [riˈsepʃn] *n.* 接待 sick note 病假单

答案注意事项：

*antibiotics: 抗生素，此单词是这层意思时，必须结尾有-s。

版本号：33

话题背景	卷面识读词汇	答案拼写内容
农场介绍	tram 有轨电车 motorcycle 摩托车 hen 母鸡 horse 马 goat 山羊 bloom 开花 breed 繁殖	Forest Area 丛林区域 Fishing Farms 垂钓场 Market Garden 蔬菜农场
答案注意事项： *此章节12～14为地图题，其余均为选择题。		

版本号：34=50134=50139

话题背景	卷面识读词汇	答案拼写内容
英国一所学校新生入学介绍	library 图书馆 lecture 演讲 the following day 第2天 assessment 评估 weekend 周末 student union 学生会 reverse 逆反	
答案注意事项： *此章节均为选择题。		

版本号：35

话题背景	卷面识读词汇	答案拼写内容
大学教育展	exhibition 展览 accommodation 食宿 specialized 专门的 sport facilities 体育器材 highly-trained staff 高素质的教师队伍 recruit 征募 secondary 中级的，次要的 books fees 书本费 second-hand book 二手书 available 可用的 full scholarship 全额奖学金	Malaysia [mə'leiziə] *n.* 马来西亚 5 days 5天 next year 明年 Information Technology 信息技术 full-time *adj.* 全部时间的，专任的

Section Two

答案注意事项:

*Malaysia: 马来西亚，地名首字母大写。

*next year: 明年，注意连读。

*Information Technology: 信息技术，课程名称，专有名词，首字母大写。

*full-time: 全职的，中间必须有连字符。

版本号：36

话题背景	卷面识读词汇	答案拼写内容
一年一度的“仲夏艺术节”节目介绍	reviewer 评论家 concentrate 浓缩 circus 马戏 highlight 亮点 clown 小丑 acrobat 杂技演员 magician 魔术师 puppet 木偶 aerial display 空中表演 audience 观众	lighting ['laitiŋ] *n.* 照明 adult ['ædʌlt] *n.* 成年人 Studio Theatre 演播剧场 the whole family 全家 City Gardens 城市花园 children ['tʃildrən] *n.* 孩子们

答案注意事项:

*Studio Theatre: 演播剧场，是演出地点，专有名词，首字母大写。

*City Gardens: 城市花园，是演出地点，专有名词，首字母大写。

*《剑4》Test 3的S2，不会再考。

版本号：37=50108=06102=07112

话题背景	卷面识读词汇	答案拼写内容
健康俱乐部负责人的演讲	forestry industry 林业 mining industry 矿业 energy industry 能源工业 certificate 证书 degree 学位 diploma 文凭 client 顾客 schedule 时间表 self-discipline 自我训练 yoga 瑜伽 cycling 脚踏车 flexible 柔韧性	good shoes 好鞋子 comfortable clothes 舒适的衣服 fitness ['fitnis] *n.* 健康 weight training 力量训练

答案注意事项:

*shoes: 鞋子，必须有-s。

*comfortable clothes: 舒适的衣服，clothes 衣服，一定要加-es，否则cloth是“布料”的意思。

版本号：38=50101=06119=06139=06140=08110

话题背景	卷面识读词汇	答案拼写内容
旅游注意事项	obtain 取得 cottage 村舍 water-skiing 滑水 windsurfing 帆板运动 cave 岩洞 helmet 头盔 safari park 野生动物园 kangaroo 袋鼠 crocodile 鳄鱼 emu 澳洲大型鸟，鸸鹋 koala 考拉，树袋熊 souvenir 纪念品 observation 观察 inland 内地	families 家庭（复数） feed animal 喂养动物 a person 一个人 50 years 50年（寿命）

答案注意事项：

*family: 的复数形式为 families。

版本号：39

话题背景	卷面识读词汇	答案拼写内容
自动应答电话介绍旅游项目	client 客户 fitness 健康 membership 会员资格	$180 180美元 nearest station 最近的车站 local history 当地的历史 $690 690美元 walking club 步行俱乐部

答案注意事项：

*《剑4》Test 4的S2，不会再考。

版本号：40=50112

话题背景	卷面识读词汇	答案拼写内容
导游带队参观改建后的公园	original 最初的 industrial 工业的 leisure 闲暇 formal park 修整得非常整齐的花园	car park 停车场 rose garden 玫瑰园 cafe ['kæfei] *n.* 咖啡馆 cycling ['saikliŋ] *n.* 骑脚踏车兜风 biology [bai'ɔlədʒi] lessons 生物课 viewing shelter 观景台

答案注意事项：

*《剑7》Test 4的S2，不会再考。

版本号：41=06134=06144=08143

话题背景	卷面识读词汇	答案拼写内容
公路、铁路、轮渡的交通堵塞	traffic jam 交通堵塞 repaire 修理 failure 失败 break down 因故障而失灵 ferry 轮渡	Junction 6 6号路口（交汇处） Polkeith（地点） midmorning 上午10时左右 express [ik'spres] n. 快车 strike [straik] n. 罢工 computer [kəm'pju:tə(r)] n. 电脑 high wind 疾风，强风 Sea Watch 海洋观测点 0845656543（电话号码） 45 pence 45便士

答案注意事项：

*Junction 6: 6号路口（交汇处），是专有名词，首字母大写。

*Sea Watch: 海洋观测点，专有名词，首字母大写。

版本号：66=30042=30043=30058=30060=30072=30074=30076=30079=40114=40214=07104=07127=08134

话题背景	卷面识读词汇	答案拼写内容
给留学生介绍英国租房情况	minimum 最小值 relatively higher 相对高的 lower 较低的 additional fee 附加费	less property 较少的房地产 Hillinsen（房屋中介公司名字） Evening News 晚间新闻（报纸名称） six months 6个月（租期） fee [fi:] n. 费用 deposit [di'pɔzit] n. 押金 charge [tʃɑ:dʒ] n. 费用 New Street（地名） local shop 当地的商店 local school 当地的学校 item protection（个人）物品保护

答案注意事项：

*Evening News: 晚间新闻，是报纸名称，专有名词，首字母大写。

版本号：67=40213=50301

话题背景	卷面识读词汇	答案拼写内容
关于摄影和电影的发展史讲座	motion picture 电影 projector 放映机 subtitle 字幕	The Great Train Robbery 火车大盗（电影名） Sound effect 声效 poor sound quality 糟糕的声音质量

答案注意事项：

*The Great Train Robbery，火车大盗，是电影名，专有名词，首字母大写，一般情况下定冠词the在专有名词里不用大写，但此处作为词首，the必须大写。

*Sound effect: 声效，考试时，此处是单句填空题，作主语，s要大写。

*《剑6》Test 2的S4，不会再考。

版本号：68=30032=30033=30034=30036=30037

话题背景	卷面识读词汇	答案拼写内容
参观城市，介绍游船和沿线的景点	frequency 频率 refreshment 点心，饮料	City Bridge 城市大桥 New Town 新城 6.30 pm 下午6点半 formal garden 修整得非常整齐的花园 Tower Restaurant 塔楼饭店 view [vjuː] *n.* 景色 history ['histəri] *n.* 历史 seven-screen cinema 7厅影楼 every 20 minutes 每20分钟 Central Station 中央车站

答案注意事项：

*《剑7》Test 2的S2，不会再考。

*此章节11～12为地图题。

*City Bridge（城市大桥），New Town（新城），Tower Restaurant（塔楼饭店），Central Station（中央车站）：以上均为地点专有名词，首字母大写。

*seven-screen cinema: 7厅影楼，注意screen不能加-s。

版本号：69=40102=40112=40208

话题背景	卷面识读词汇	答案拼写内容
介绍假期的业余工作	stock market 股票市场 challenging 富有挑战的	travel ['trævl] *n.* 旅行 good shoes 舒适的鞋子 formal clothes 正装 a large office 一个大的办公室 good pay 丰厚的薪水 live nearby 住在附近

答案注意事项：

*travel: 旅行的动名词形式英式为travelling，美式为traveling，两种拼写均可。
*good shoes: 舒适的鞋子，吞音，注意语音问题，且shoes必须加-s。
*formal clothes: 正装，clothes 衣服，必须加-es，否则为cloth（布料）了。
*good pay: 丰厚的薪水，吞音，注意语音现象。

版本号：70

话题背景	卷面识读词汇	答案拼写内容
介绍学校的情况和申请过程	atmosphere 气氛 confirmation 确认 accommodation 住处	reference ['refərəns] *n.* 推荐人 country ['kʌntri] *n.* 国家 weather ['weðə(r)] *n.* 天气

答案注意事项：

*《剑5》Test 3的S2，不会再考。

版本号：71=50102=50137=06111

话题背景	卷面识读词汇	答案拼写内容
为慈善募捐徒步旅行	charity 慈善 fit 健康的 carpet 地毯 carve wood 雕刻木头 weave blanket 编织毛毯 ancient 古代的	forest ['fɔrist] *n.* 森林 temple ['templ] *n.* 庙 waterfall ['wɔ:tə(r)fɔ:l] *n.* 瀑布 village ['vilidʒ] *n.* 村庄

答案注意事项：

*《剑7》Test 3的S2，不会再考。
*waterfall: 瀑布，是一个单词，注意拼写的准确度。

版本号：20023=30015

话题背景	卷面识读词汇	答案拼写内容
关于学生服务设施的介绍	swimming pool 游泳池 non-medicine item 非医药物品 towel 毛巾	accommodation [əˌkɔmə'deiʃn] *n.* 住处 financial problem 财政问题 Student Information Desk 学生信息咨询台 Information Page 信息页

答案注意事项：

*此章节11～17为选择题。
*Information Page: 信息页，专有名词，首字母大写。
*Student Information Desk: 学生信息咨询台，专有名词，首字母大写。

版本号：30014=30018=50121=08131

话题背景	卷面识读词汇	答案拼写内容
图书馆服务介绍	copy machine 复印机 overdue 过期的 fine 罚款 staff 员工 A3 A3 纸的规格（420×297 单位：毫米）	260, 000 books 26万本书 10 pence 10便士 the ground floor 一层 second floor 3层 videotapes['vidiəuteips] *n.* 录像（磁）带 12 books 12本书 9 am 上午9点 50 pence 50便士 one pound 1英镑

答案注意事项：

*此章节有大量数字信息，注意准确度。

*pence: 便士，是penny的复数形式。

*second floor:〈美〉2楼，〈英〉3楼。

*videotape: 录像带，是一个单词，注意单词拼写的准确度。

*9 am，9 AM: 9点，前者为英式拼写，后者为美式拼写，均正确。

版本号：30019=40113=40123=50103=50105

话题背景	卷面识读词汇	答案拼写内容
国家艺术中心介绍	museum 博物馆 charge 负责 location 地点 programme 节目	classical music 古典音乐 bookshop ['buk,ʃɔp] *n.* 书店 rebuilt [,ri:'bilt] *v.* 改造，重建（过去式） 1980s 20世纪80年代 City Council 市议会 362 days 362天 Garden Hall 花园大厅 Three Lives 3条命（电影名） Focus on China 聚焦中国（节目名称） £4.5 4.5英镑

答案注意事项：

*classical music: 古典音乐，classic music是错误的。

*bookshop: 书店，为一个单词，注意单词拼写的准确度。

*rebuilt: 改造，重建（过去式），原形为rebuild。

*1980s: 20世纪80年代，如果表示的是年代，后面必须有-s，且注意连读，区分1980s/1990s。

*City Council: 市议会，具体指这个城市的市议会，专有名词，首字母大写。

*Garden Hall: 花园大厅，专有名词，首字母大写。

*Three Lives: 3条命，电影名称，专有名词，首字母大写，且注意life的复数形式为lives。

*Focus on China: 聚焦中国，节目名称，专有名词，首字母大写，且注意连读。

版本号：30020=40101=40211=06148=08104=08108=08125

话题背景	卷面识读词汇	答案拼写内容
旅游景点的介绍	castle 城堡 mid-1700s 18世纪中期 idle 闲置的 wildlife 野生动植物 wrecked boat 废弃的船只 church 教堂 spinous plant 带刺的植物 trousers 长裤 boots 靴子 herring 鲱鱼	
答案注意事项： *此章节全部为选择题。		

版本号：30038=06126=06138=07148

话题背景	卷面识读词汇	答案拼写内容
一个新剧本的剧情介绍	actor 男演员 destroy 破坏 butler 男管家 heroine 女主角 maidservant 女仆	Town Hall 市政厅 7.30 pm 晚上7点半
答案注意事项： *此章节前5道题为选择题，中间3道为配对题。 *Town Hall: 市政厅，专有名词，首字母大写。		

版本号：30039

话题背景	卷面识读词汇	答案拼写内容
一个小型慈善组织介绍	carpenter 木匠 craftsman 工匠 overhead 企业管理费用 award 奖 charity 慈善 donate 捐赠 volunteer 志愿者 voluntary 自愿的	£75, 000 75, 000英镑 computer [kəm'pju:tə(r)] *n.* 计算机
答案注意事项： *《剑5》Test 2的S2，不会再考。		

版本号：30040

话题背景	卷面识读词汇	答案拼写内容
一个花园的介绍	plant 植物 colour 颜色	150 types 150种 Summer Garden 夏季花园（花园名称） magazine [ˌmægəˈziːn] n. 杂志 texture [ˈtekstʃə(r)] n. （材料的）结构纹理 emotion [iˈməuʃn] n. 情绪 mood [muːd] n. 心情 12,000 types 12, 000种 Planting Garden 种植园（花园名称） companion [kəmˈpæniən] n. 同伴 July to August 7月到8月 real life 现实生活

答案注意事项：

*Summer Garden: 夏季花园，是花园名称，专有名词，首字母大写。

*Planting Garden: 种植园，是花园名称，专有名词，首字母大写。

*July to August: 7月到8月，月份是专有名词，首字母大写。

版本号：30041=07132

话题背景	卷面识读词汇	答案拼写内容
学校概况介绍	Students' Union 学生会（组织） Dining Room 食堂 Main Hall 大礼堂	6.30 pm 晚上6点30（关门时间） Personal Tutor 私人指导老师 Student Card 学生证 455455（电话号码）

答案注意事项：

*此章节有选项填地图题。

*Personal Tutor: 私人指导老师，专有名词，首字母大写。

*Student Card: 学生证，专有名词，首字母大写。

版本号：30044=40202=50106=06146=08126

话题背景	卷面识读词汇	答案拼写内容
失眠产生的原因和解决的办法	painkiller 止痛药 irregular 不规则的 insomnia 失眠 nap 小睡，打盹 stress 压力	job interview 求职面试 Domestic [dəˈmestik] adj. 家庭的 traveling [ˈtrævliŋ] n. 旅行 sleeping pills 安眠药 Relax [riˈlæks] v. 放松 fruit juice 果汁 the early afternoon 午后 a warm bath 一个热水澡 the cigarettes' number 香烟数量 close your eyes 闭上双眼

答案注意事项：

*job interview: 求职面试，注意此词组失去爆破音。

*Domestic: 家庭的，试卷上作主语，首字母大写。

*travelling: 旅行，此处为英式拼写，美式为traveling。

*Relax: 放松，试卷上做主语，首字母大写。

*fruit juice: 果汁，注意此词组失去爆破音。

*the early afternoon: 午后，答案必须有程度限定early。

*the cigarettes' number: 香烟数量，cigarettes（香烟）需加-s，此章节是句子填空题，必须保证整个句子的语法正确。试卷上的题目cut down，录音中听到的信息为 the number of cigarettes，如果全部写上超出no more than three words 的字数要求，于是答案转换为 the cigarettes' number。

*close your eyes: 闭上双眼，eyes 眼睛，需加-s。

版本号：30045

话题背景	卷面识读词汇	答案拼写内容
对市场上三种儿童床的评估	trap 陷入困境 bar 条，棒 metal 金属 cot 婴儿床	move around 四处活动 brake [breik] *n.* 闸 finger ['fiŋgə(r)] *n.* 手指 too wide 太宽了 satisfactory [ˌsætis'fæktəri] *adj.* 满意的 wheel [wiːl] *n.* 轮子 dangerous ['deindʒərəs] *adj.* 危险的 best [best] *adj.* 最好的 sharp [ʃɑːp] *adj.* 尖的

答案注意事项：

*too wide: 太宽了，too在此处是程度限定，不可省去。

*《剑5》Test 1的S2，不会再考。

版本号：30049=07131

话题背景	卷面识读词汇	答案拼写内容
一个藏有蒸汽时代交通工具博物馆的介绍	engine 引擎 steam 蒸汽 family tickets 家庭套票	coach [kəutʃ] *n.* 长途汽车 10 am-4 pm 上午10点至下午4点（开放时间） 18 pounds 18英镑 public transport 公共交通 yellow ['jeləu] *adj.* 黄色的 monthly magazine 月刊 29th May 5月29日 quiz [kwiz] *n.* 知识竞赛 Children's Day 儿童节

答案注意事项:
*public transport: 公共交通，transport和transportation均正确，前者英式常用，后者美式常用。
*coaches: 长途汽车，单数形式为coach，复数形式要加-es，注意此单词与couch[kautʃ]（长沙发）区分拼写与读音。
*10 am-4 pm: 试卷要求no more than two words and/or a number, 答案必须写成10 am-4 pm，写成10 am to 4 pm不能得分。
*29th May: 5月29日，月份首字母大写。
*Children's Day: 儿童节，专有名词，首字母大写。

版本号：30059=08128

话题背景	卷面识读词汇	答案拼写内容
服装行业招聘	Pacific Clothing Firm 太平洋制衣公司 profession 职业 sell new product 卖新产品	accountant [ə'kauntənt] *n.* 会计 designer [di'zainə(r)] *n.* 设计师 engineer [ˌendʒi'niə(r)] *n.* 工程师 clever ['klevə(r)] *adj.* 机灵的 careful ['kɛəful] *adj.* 仔细的 hard-working ['hɑ:dwə:kiŋ] *adj.* 苦干的 loyal ['lɔiəl] *adj.* 忠诚的 free transport 免费交通 fitness center 健身中心 workplace ['wə:kpleis] *n.* 工作场所

答案注意事项:
*free transport: 免费交通，transport和transportation均正确，前者英式常用，后者美式常用。
*fitness centre: 健身中心，centre和center均正确，前者为英式拼写，后者为美式拼写。
*workplace: 工作场所，是一个单词，注意单词拼写的准确度。

版本号：30061=07119

话题背景	卷面识读词汇	答案拼写内容
澳大利亚一城市市容改革游泳池和儿童游乐场介绍	local people 当地人 pool 泳池 architecture 建筑 sculpture 雕塑 Asia 亚洲 Africa 非洲 North America 北美洲 Antarctica 南极洲 animal 动物 jewellery 珠宝 volcano 火山 fort 城堡 space 太空 waterway 航道	

答案注意事项:

*本章节前5道题为选择题，后5道题为配对题。

版本号：30062=07102=09130

话题背景	卷面识读词汇	答案拼写内容
维多利亚女王博物馆介绍	state 政府 quality 质量 exhibit 展览品 annex 附楼，配楼 donation 捐赠 variety 多样性	recycled materials 再生材料 harbour ['hɑ:bə(r)] n. 海港 local artist 当地的艺术家 warehouse ['wɛəhaus] n. 仓库

答案注意事项:

*recycled materials: 再生材料，注意答案为recycled而不是recycling。

*harbour: 海港，为英式拼写，harbor为美式拼写。

*warehouse: 仓库，是一个单词，注意拼写的准确度。

版本号：30064=07126=08121

话题背景	卷面识读词汇	答案拼写内容
一所老房子博物馆的介绍	wallpaper 墙纸 antique 古董 swan 天鹅 goose 鹅 gallery 画廊 woodland 林地 trail 小径	farm [fɑ:m] n. 农场 18th century 18世纪 The Birds（鸟）房间名称 chairs [tʃɛəz] n. 椅子

答案注意事项:

*The Birds:（鸟），此处填写房间名称，专有名词，首字母大写。

版本号：30078

话题背景	卷面识读词汇	答案拼写内容
学生会介绍	membership 会员资格 election 选举 travel shop 旅游商店 radio station 广播站 Students' Union 学生会	automatically registered 自动注册的 every year 每年 Union House 学生会所 legal problem 法律问题 financial problem 财务问题 academic problem 学术问题 over 100 100多个

答案注意事项:

*Union House: 学生会所，地点专有名词，首字母大写。

*over 100: 100多个，over是程度限定，必须写在卷面上。

版本号：30080=08113=09127

话题背景	卷面识读词汇	答案拼写内容
冰壶运动介绍	ice-curling 冰壶 skip 跳 archery 箭术 cast iron 铸铁 sole 鞋底 broom 扫帚 brush 刷子 captain 队长 champion 冠军 regulation 规则 ban 禁止 battle 比赛，较量	the Lead 一垒队员（冰壶运动选手的名称，共4个队员，这是其中之一） Sheet [ʃi:t] n. 冰道台面（冰壶运动中冰面的名称） House [haus] n. 营垒圆心（冰壶运动场地终点的圆靶心） horse hair 马鬃 rubber ['rʌbə(r)] n. 橡胶 stopwatch ['stɔpwɔtʃ] n. 秒表

答案注意事项：

*the Lead（一垒队员），Sheet（冰道台面），House（营垒圆心）：以上均是冰壶运动所特有的名称，专有名词，首字母大写。

*rubber: 橡胶，不可数名词，不能加-s。

*stopwatch: 秒表，为一个单词，注意拼写的准确度。

版本号：30081=07137=09132

话题背景	卷面识读词汇	答案拼写内容
关于一个科学中心的介绍	research 研究 professional knowledge 专业知识 soil 土壤 new method 新方法 notice board 布告牌	2 days 2天（非营业时间） after lunch 午饭后 book in advance 提前预定 special bus 专用汽车 £4.00 4英镑

答案注意事项：

此章节前5道题为选择题。

book in advance: 提前预定，注意连读。

版本号：30083

话题背景	卷面识读词汇	答案拼写内容
介绍一个作家的故居	severe 严重的 Pear Alley 梨巷 Mulberry Garden 桑树园	footbridge 人行桥 field [fi:ld] n. 区域 viewpoint ['vju:,pɔint] n. 观点

答案注意事项：

*footbridge: 人行桥，是一个单词，注意拼写的准确度。

*viewpoint: 观点，是一个单词，注意拼写的准确度。

*《剑6》Test 3的S2，不会再考。

版本号：30085=08137

话题背景	卷面识读词汇	答案拼写内容
旅游公司介绍关于独木舟旅行	canoe 独木舟 fit 健康的 unaccompanied 无陪伴的 underage 未成年的	move with the current ['kʌrənt] 和水流一起漂动 alarm system 警报系统 special route 特殊的路线 washable shoes 耐洗的鞋 sweaters ['swetə(r)z] *n.* 厚运动衣 high-energy snacks 高能量的点心 bottled water 瓶装水 14 pounds 14英镑 by credit card 信用卡 www.rivertrip.com（网站名称）

答案注意事项：

*alarm system: 警报系统，注意不是alarming system。

*washable shoes: 耐洗的鞋，shoes必须加-s。

*bottled water: 瓶装水，注意拼写，是bottled，若拼写没有-ed，拼写成bottle是错误的。

版本号：30086=08130=08142

话题背景	卷面识读词汇	答案拼写内容
一年一度的长跑比赛	castle 城堡 compete 竞赛 time yourself 给自己计时 path 路线	next week 下周 7 miles 7英里 under 16 不足16岁 sports equipment 运动设备 Town Hall 市政厅 Station ['steiʃn] *n.* 车站 jacket ['dʒækit] *n.* 夹克

答案注意事项：

*Town Hall: 市政厅，专有名词，首字母大写。

*Station: 车站，此处是比赛的终点站，特指地点，首字母大写。

版本号：30090=07145=09109=09123

话题背景	卷面识读词汇	答案拼写内容
有关恐龙博物馆	camera照相机 worksheet工作表 pencil铅笔 dinosaur恐龙 model模型	1.30 pm下午1点30 25th December12月25日 Car Park停车场 45 minutes45分钟 tables ['teiblz] *n.* 桌子

答案注意事项：

*Car Park: 停车场，此处特指的是恐龙博物馆的停车场，专有名词，首字母大写。

版本号：40103=40116=40216=06130

话题背景	卷面识读词汇	答案拼写内容
警察作有关校园安全问题的讲座	Students' Union 学生会 theft 行窃 decrease 减少 exaggerated by media 被媒体夸张了 seek help 寻求帮助 weapon 武器	
答案注意事项： *此章节全部为选择题。		

版本号：40104=40206

话题背景	卷面识读词汇	答案拼写内容
学校租车、停车事宜	clamp the wheel 锁轮子 tow the car 拖车	windscreen ['windskri:n] n. 挡风玻璃 car park 停车场 membership ['membəʃip] n. 会员资格 mileage ['mailidʒ] n. 英里数 sticker ['stikə(r)] n. （有黏胶的）图文标签
答案注意事项： *windscreen: 挡风玻璃，是一个单词，注意单词拼写的准确度。		

版本号：40106

话题背景	卷面识读词汇	答案拼写内容
地理位置介绍	Southern Hemisphere 南半球 Oceania 大洋洲 settlement 移居	
答案注意事项： *此章节有地图选项填空。 *New Zealand: 新西兰，地点专有名词，首字母大写。 *Sydney: 悉尼，地点专有名词，首字母大写。		

版本号：40108

话题背景	卷面识读词汇	答案拼写内容
足球俱乐部介绍		clubhouse俱乐部会所 picnic ['piknik] n.野餐 prize [praiz] n.奖品 Sunday afternoon周日下午 10（参赛队数量） Wednesday afternoon周三下午 4（参赛队数量） Sunday afternoon周日下午 collect fee收集费用 newsletter时事通讯 supervise ['sju:pəvaiz] v.管理

答案注意事项：

*newsletter: 时事通讯，这是一个单词，注意单词拼写的准确度。

*clubhouse: 俱乐部会所，这是一个单词，注意单词拼写的准确度。

*Wednesday afternoon: 周三下午，星期首字母必须大写。

*Sunday afternoon: 周日下午，星期首字母必须大写。

*《剑5》Test 4 的S2，不会再考。

版本号：40109

话题背景	卷面识读词汇	答案拼写内容
两个学生向导师汇报课题	catering提供餐饮服务 academic学术	Teaching Methods教学方法 Accommodation [ə,kɔmə'deiʃn] n.住处 flats [flæts] n.公寓套房 Disco ['diskəu] n.迪斯科舞会 International Evening国际学生联欢会 two minutes两分钟

答案注意事项：

*此章节全部为选择题。

版本号：40110=40203=06319

话题背景	卷面识读词汇	答案拼写内容
关于纤维材料的对比介绍	fibre纤维 developing country发展中国家 water-proof防水的 quarter1/4	

答案注意事项：

*此章节前7道题为选择题，后3道题为配对题。

版本号：40121

话题背景	卷面识读词汇	答案拼写内容
家族饭店介绍	fitness centre 健身中心 suburb 郊区	evening ['iːvniŋ] *n.* 晚间 £75 75英镑 £52 52英镑 four-course dinner 4道菜的晚饭 golf club 高尔夫俱乐部

答案注意事项：

*本章节为英国大使馆使馆样题，不会再考。

*four-course dinner: 4道菜的晚饭，注意dinner不要拼成diner，注意拼写准确度，且course不能加-s。

版本号：40205=50131=06124

话题背景	卷面识读词汇	答案拼写内容
新开张的运动商城介绍	storey 层 Saturday morning 周六早晨 out of stock 无现货 Olympic star 奥林匹克明星 gym membership 健身中心会员资格	this weekend 这个周末 3（商店数量） 4（楼层数） running facilities 跑步设备 less than a week 不到一周 sports shoes 运动鞋 506314（预约电话号码）

答案注意事项：

*running facilities: 跑步设备，facility当"设备"解释时，必须用复数形式。

*sports shoes: 运动鞋，sports此处是形容词，意思是有关运动的，必须有-s。

版本号：50109=50233=06120=07109

话题背景	卷面识读词汇	答案拼写内容
介绍一个学生职介机构	labouring job 劳动工作 childcare 照顾孩子 notice board 布告牌 bank holiday 银行休假日	telephone the employer 给雇主打电话 vocational courses 职业课程 type of jobs 工作类别 hours ['auə(r)z] *n.* 小时 domestic work 家务工作 10 am-4 pm 上午10点至下午4点 New Year 新年

答案注意事项：

*vocational course: 职业课程，其中vocation表示"职业"，注意和vacation（假期）拼写时区分开来。

*New Year: 新年，是专有名词，首字母大写。

版本号：50110=50126=06103=07125=08118

话题背景	卷面识读词汇	答案拼写内容
小镇冬季旅游节	agriculture fair 农业产品展销会 festival 节日 programme 节目 region 地区	fancy dress 化装舞会所穿的衣服 family ticket 家庭套票 book in advance 提前预订 Concert Room 音乐厅 check the website 核对网站信息

答案注意事项：

*Concert Room: 音乐厅，地点专有名词，首字母大写。

*family ticket: 家庭套票，注意ticket用单数形式，不加-s。

*book in advance: 提前预订，注意连读。

版本号：50114=50147=06121=08135

话题背景	卷面识读词汇	答案拼写内容
一个地产公司的广告	heritage 遗产 senior 较年长者 membership 会员身份 facility 设备	$29.50 29.50 美元 50 years old 50岁 national holidays 国家法定假日 Beanham（地名） PL23 9PU（邮编） passport ['pɑːspɔːt] *n.* 护照 directions [di'rekʃnz] *n.* 指南 restaurant ['restərɔnt] *n.* 饭馆 car park 小汽车停车场 website 网站

答案注意事项：

*directions: 指南，direction表示的是"指南，说明书"等意思时，必须加-s。

*PL23 9PU: 是英国邮编，数字、字母混合信息，字母必须大写。

版本号：50116=50133=08129

话题背景	卷面识读词汇	答案拼写内容
学校设施建设	pigeonhole 文件架 library 图书馆 bank 银行 computer centre 计算机中心 dining room 饭厅 inexpensive 便宜的 necessity 必需品	

答案注意事项：
*本章节前5道题是选项填地图题，后5道题是选择题。
*本节填图题注意entrance不是真正的起点。

版本号：50118=07118

话题背景	卷面识读词汇	答案拼写内容
澳洲淘金热	barren贫瘠的 sevenfold=seven times7倍 shilling先令 strike罢工 duration持续的时间 golden rush淘金热	30 shillings30先令 60,000（人数） murdered被谋杀 15 minutes15分钟 30（人数） 1860s19世纪60年代 3.30 pm下午3点半 hosting World Exposition举办世界博览会

答案注意事项：
*1860s: 19世纪60年代，必须有-s。
*World Exposition: 世界博览会，专有名词，首字母大写。

版本号：50130

话题背景	卷面识读词汇	答案拼写内容
大学汽车俱乐部	membership会员资格 legal problem法律问题 professional专业人员 discount折扣	weekend ['wi:kend] *n.*周末 weekdays ['wi:kdeiz] *n.*平日（星期天及星期六以外的）任何一天 insurance [in'ʃɔ:rəns] *n.*保险 25 cents25分 a group一群（人） credit card信用卡

答案注意事项：
*weekend: 周末, 是一个单词，注意拼写的准确度。

版本号：06101=09143

话题背景	卷面识读词汇	答案拼写内容
一个非赢利艺术机构的介绍	finance财政 artist艺术家 exhibition展览 discount折扣 income收入 promote促进	reinvested重新投资的 relatively broad相对来讲较为广泛 little-known很少为人知道的 late 17th century17世纪后期 in 1984在1984年 location [ləu'keiʃn] n.位置 cinema ['sinəmə] n.电影院 British life英国生活 Italian [i'tæliən] adj.意大利的 students ['stju:dnts] n.学生
答案注意事项： *Italian: 意大利的，首字母大写。 *1984: 注意连读nineteen eighty-four ['nain'ti:n] ['eiti] [fɔ:]，且区分1984和1994的读音。 *late 17th century: 17世纪后期，late是程度限定，必须保留。		

版本号：06106=06141=07143=08111

话题背景	卷面识读词汇	答案拼写内容
主题公园介绍	theme park主题公园 inspiration灵感 engineering工程 staff员工 advertisement广告	120km²120平方公里 5-125～12（岁）
答案注意事项： *本章节前3道题是选择题，中间5道题为配对题。		

版本号：06108=06109=07147

话题背景	卷面识读词汇	答案拼写内容
保护沼泽地俱乐部介绍	preservation保存 conservation保存 wetlands沼泽地 discount折扣	donation [dəu'neiʃn] n.捐赠 adopt [ə'dɔpt] v.收养 children ['tʃildrən] n.孩子 joint [dʒɔint] adj.共同的 information [,infə'meiʃn] n.信息，通知 magazines [,mægə'zi:nz] n.杂志 retired [ri'taiəd] adj.退休的 low income低收入

答案注意事项:

*adopt: 收养，注意拼写的准确度，与adapt（适应）区分开来。

*joint: 共同的，注意答案的准确度，是joint 不是 joined。

版本号：06110=07121=08119

话题背景	卷面识读词汇	答案拼写内容
关于岩洞的旅游介绍	cave 岩洞 removal 移走 cliff 悬崖 reconstruction 重建	6.5 pounds 6.5英镑 8 persons 8个人 bus [bʌs] *n.* 公共汽车 1813（年份） apple juice 苹果汁 look-out point 观望点 look-up point 观望点 Railway Station 火车站 plants [plɑːnts] *n.* 植物 kitchen area 厨房区域 0999256432（电话号码）

答案注意事项:

*look-up point: 观望点look和up之间必须有“-”。

*Railway Station: 火车站，专有名词，首字母大写。

*kitchen area: 厨房区域，注意连读。

版本号：06113

话题背景	卷面识读词汇	答案拼写内容
青年旅馆的情况介绍	laundry 洗衣房 cupboard 柜橱 fire 火 equipment 设备	smaller 小一点的（small的比较级） self-locking [ˌselfˈlɔkiŋ] *adj.* 自动上锁的 music [ˈmjuːzik] *n.* 音乐 shower [ˈʃauər] *n.* 淋浴 blanket [ˈblæŋkit] *n.* 毯子 alarm [əˈlɑːm] *n.* 警报 basement [ˈbeismənt] *n.* 地下室 cleaning [ˈkliːniŋ] *n.* 清洁（处理），清洗 windows [ˈwindəus] *n.* 窗户

答案注意事项:

*smaller: 小一点的，注意此处必须写比较级，填原形small是错误的。

版本号：06114=07111

话题背景	卷面识读词汇	答案拼写内容
一个摇滚音乐节的安排及介绍	craft fair 手工艺品市场 fringe stage 小舞台 restaurant 饭馆 main stage 主舞台 exhibitor entrance 参展者入口 exhibition 展览 lock-up garage 上锁的车库	arm badge 臂章 ambulance ['æmbjuləns] *n.* 救护车 yellow ticket 黄色的票
答案注意事项： *本章节前7道题为选项填地图题。		

版本号：06125=09121

话题背景	卷面识读词汇	答案拼写内容
有关红松鼠的摄影介绍	species 物种 squirrel 松鼠 restriction 限制 competition 竞赛	local museum 当地的博物馆 national newspaper 国家级报纸 Secondary Object 次要物体目标（相机焦距设置的位置） detailed notes 详尽的笔记 late afternoon 下午4、5点钟 The Third Prize 3等奖
答案注意事项： *local museum（当地的博物馆），national newspaper（国家级报纸）：此处local, national是程度限定，必须保留。 *Secondary Object: 次要物体目标，此处指相机焦距设置的具体位置，专有名词，首字母大写。 detailed notes: 详尽的笔记，注意拼写的准确度，是detailed，不是detail。 *The Third Prize: 3等奖，此处是具体的奖项，专有名词，首字母大写，且注意prize和price的拼写区分。		

版本号：06142=09114

话题背景	卷面识读词汇	答案拼写内容
介绍小岛旅游	ferry 渡轮 hovercraft 气垫船 amusement park 游乐场 coast 海岸 hiking 徒步旅行 cycling 骑脚踏车	tropical disease 热带病 bottled water 瓶装水 snakes [sneiks] *n.* 蛇 monkeys ['mʌŋkis] *n.* 猴
答案注意事项： *bottled water: 瓶装水，注意辨音和拼写的准确度，是bottled不是bottle。		

版本号：07106

话题背景	卷面识读词汇	答案拼写内容
广播寻找志愿工作者	volunteer worker 志愿工作者 reimburse 偿还 wheelchair 轮椅 blind 失明的 disabled 伤残的 PO Box 邮政信箱	over 18 18岁以上 police records 犯罪记录 reference ['refərəns] *n.* 推荐信 CV/curriculum vitae 履历 transport [træn'spɔːt] *n.* 交通 own car 私家车 Monday mornings 每周一早晨 August [ɔː'gʌst] *n.* 8月 651（邮政信箱号码） Email address 电子邮件地址 acrawfor@worldwidehelpers.org（邮箱地址）

答案注意事项：

*over 18: 18岁以上，答案一定要有over。

*police records: 犯罪记录，注意答案是records，不是record。

*CV: curriculum vitae 履历，两个答案写法均可，注意CV大写。

*transport和transportation均正确，前者英式常用，后者美式常用。

*Monday mornings: 每周一早晨，注意答案的准确度，Monday大写，mornings必须有-s。

*August: 8月，月份是专有名词，首字母大写。

版本号：07107=09126

话题背景	卷面识读词汇	答案拼写内容
房屋广告布局及优缺点	good location 好位置 Wednesday 星期三 bathroom 浴室 sitting room 起居室 living room 起居室	parking area 停车场所 central location 中心位置 two bedrooms 两间卧室 no garage 没有车库

答案注意事项：

*本章节有选项填地图题。

版本号：07114

话题背景	卷面识读词汇	答案拼写内容
一家连锁饭馆介绍	membership fee 会员费 exclusive service 专享服务 voucher 代金券 Cardiff 加的夫（地名） local artist 当地的艺术家 comedy 喜剧	1997（成立的年份） 243（房间数） £35（会员费） pre-booking service 预订服务 birthdays ['bəːθdeiz] *n.* 生日 free starter 免费的开胃菜

答案注意事项:

*free starter: 免费的开胃菜，注意辨音，是starter不是start。

版本号：07116=08140

话题背景	卷面识读词汇	答案拼写内容
介绍一个艺术展	art exhibition 艺术展 barbecue 烧烤 volunteer 志愿者 leaflet 传单 website 站点 sculpture 雕塑 wood carving 木雕 pottery 陶器 oil painting 油画	pottery ['pɔtəri] *n.* 陶器 oil painting 油画

答案注意事项:

*本章节前5道题是选择题，后5道题为选项填地图题。

版本号：07134=08112=09113

话题背景	卷面识读词汇	答案拼写内容
动物园工作人员作动物相关知识讲座	pet 宠物 kangaroo 袋鼠 colleague 同事 injured 受伤的 endangered 濒危的 staff 员工	part-time 兼职的 native ['neitiv] *n.* 天然生长于某地的 business course 商务课程 senior ['siːniə(r)] *adj.* 资格较老的

答案注意事项:

*part-time: 兼职的，是一个单词，中间由连字符连接。

版本号：07135=08109

话题背景	卷面识读词汇	答案拼写内容
介绍西班牙旅游	ferry 渡轮 facility 设施 spare 备用的 altitude 海拔，高度 temperature 温度 wildlife 野生动植物 geology 地质概况 vegetation 植被 coastline 海岸线 peak 山顶 Spain 西班牙	spare socks 备用的袜子 total sun-block 全效防晒霜 plastic ['plæstik] *adj.* 塑胶的

答案注意事项：
*此章节前5道题为单选题，后3道题为多选题。
*spare socks: 备用的袜子，填写答案时socks必须用复数形式要加-s。
*total sun-block: 全效防晒霜，sun-block是一个单词，中间用“-”连接。

版本号：07138=09124

话题背景	卷面识读词汇	答案拼写内容
孩子家长活动介绍	book 预订 in advance 预先 yoga 瑜伽	cakes [keiks] *n.* 蛋糕 salad ['sæləd] *n.* 色拉 parent(s) ['pɛərənt(s)] *n.* 家长 stories ['stɔ:ris] *n.* 故事 stretching ['stretʃiŋ] *n.* 拉伸 mat [mæt] *n.* 垫子 Waddell（姓名） 6367812（电话号码）

答案注意事项：
*parent: 是父亲或母亲，parents是父母，此段录音中用的是 parental [pə'rentl] *adj.*（父母亲的），注意听的是形容词，试卷上要写名词。
*Waddell: 人名，是专有名词，首字母大写。

版本号：07139=09131

话题背景	卷面识读词汇	答案拼写内容
国家公园介绍	uncommon 罕有的 landscape 风景，地形 sea level 海平面 status 地位 mine 矿山 tunnel 隧道 track 小径 camp 宿营 pony 小马 facility 设备	booklet ['buklit] *n.* 小册子 $3.99 3.99美金 levels ['levlz] *n.* 水平 website 网站 wheelchair-access toilet 残疾人专用厕

答案注意事项：
*levels: 试卷上必须加-s，因为此处是个填空题，空前已给出信息a variety of（各种各样的），这个词组后须跟复数名词。
*wheelchair-access toilet: 残疾人专用厕所，注意wheelchair（轮椅）是一个单词。

版本号：07141

话题背景	卷面识读词汇	答案拼写内容
向家长介绍小学校情况	entrance 入口 head office 校长室 music room 音乐室 gym 健身房	8.55 am 上午8点55 hot meal 热餐 poster ['pəustə(r)] *n.* 海报 15 minutes 15分钟 sports [spɔ:ts] *n.* 运动 every month 每月 clubs [klʌbz] *n.* 社团
答案注意事项： *此章节后3道题为选项填地图题。		

版本号：07142=09125

话题背景	卷面识读词汇	答案拼写内容
学生足球俱乐部介绍	junior 低年级（组） senior 高年级（组） volunteer 志愿者 score 记分	5-17 years 5～17岁 6（组的数量） Saturday 星期六 health club 健康俱乐部 7.30 am 上午7点30分 $140 140美元 new shirt 新衬衫 president 主席 3rd April 4月3日 transport 交通
答案注意事项： *5-17years: 5～17岁，试卷要求no more than two words and/or a number，答案不可以写5 to 17 years，注意读懂字数要求。 *Saturday: 星期六，星期为专有名词，首字母大写。 *7.30 am: 上午7点30分，am上午，pm下午，是英式拼法；AM，PM是美式拼法，均正确。 *3rd April: 4月3日，月份为专有名词，首字母大写。 *transport: 交通，transport和transportation均正确，前者英式常用，后者美式常用。		

版本号：08101

话题背景	卷面识读词汇	答案拼写内容
活动组织介绍	ship 船 market 市场 music 音乐 meeting 聚会，会议 medal 奖章 Olympic 奥林匹克运动会的 helicopter 直升机 technology 技术	silver ['silvə] *adj.* 银制的 India ['indjə] *n.* 印度 police [pə'li:s] *n.* 警方 performance [pə'fɔ:məns] *n.* 演出，表现 40（分钟数） fishing ['fiʃiŋ] *n.* 捕鱼

答案注意事项：

*本章节前4道题为选项填地图题。

*India: 印度，专有名称，首字母大写。

版本号：08102=09145

话题背景	卷面识读词汇	答案拼写内容
有关就业课程的介绍	purpose 目的 interest 兴趣	opportunities [,ɔpə'tju:nəti] *n.* 机会，时机 confidence ['kɔnfidəns] *n.* 信心 culture contexts 文化背景 employee [,emplɔi'i] *n.* 雇员 written documents 书面文件 promotion [prə'məuʃən] *n.* 晋级 45 minutes 45分钟 networking ['netwə:kiŋ] *n.* 联网 application form 申请表 self-employment 自我创业

答案注意事项：

*opportunities: 机会，此处为复数形式，其单数形式为opportunity。

*self-employment: 自我创业，是一个单词，中间有“-”。

版本号：08103

话题背景	卷面识读词汇	答案拼写内容
大学校园设施地图	Internet 互联网 student center 学生中心 health center 健康中心 laundry 洗衣房	bathroom ['bɑ:θrum] *n.* 盥洗室 food containers 食品容器 code [kəud] *n.* 密码 basement ['beismənt] *n.* 地下室，底层 11.30 pm 晚上11点半

答案注意事项：

*本章节前5道题为选项填地图题。

*am:（上午），pm:（下午），是英式拼法，AM，PM是美式拼法，均正确。

版本号：08106

话题背景	卷面识读词汇	答案拼写内容
野生动物园介绍	wildlife 野生动物 dye 染色 book in advance 提前预订 bird 鸟 dog 狗 refreshments 零食	trees [triːz] *n.* 树 farm [fɑːm] *n.* 农田，农场 Friday ['fraidi] *n.* 星期五 Sunday ['sʌndi] *n.* 星期日

答案注意事项：

*本章节后4道题为选项填地图题。

*Friday（星期五）和Sunday（星期日）为专有名词，首字母大写。

版本号：08107

话题背景	卷面识读词汇	答案拼写内容
女士有关小岛旅游来信问题的建议及旅游交通工具的对比介绍	mineral 矿物质 coach 旅游汽车 punctual 准时的 charge 费用 taxi 出租车 rent 租	

答案注意事项：

*本章节全部为选择题。

版本号：08114=08117

话题背景	卷面识读词汇	答案拼写内容
介绍一个新的图书馆	annual 每年的 extension 延期 title 题目 PIN 个人识别码	134（标题数量） report [ri'pɔːt] *n.* 报告 trade journals 行业杂志 5th floor 第5层 £1.95 1.95英镑 4 weeks 4周 12（书的数量） teenagers ['tiːneidʒə(r)] *n.* 青少年 electronic card 电子卡 Thursday ['θəːzdi] *n.* 星期四 Friday ['fraidi] *n.* 星期五

答案注意事项：

*Thursday（星期四），Friday（星期五）：星期为专有名词，首字母大写。

版本号：08115=08132

话题背景	卷面识读词汇	答案拼写内容
绘画方位介绍	landscape 风景 wildlife 野生动植物 farming animal 牲畜 riverbank 河岸 film studio 电影制片厂 sport 运动	landscape ['lændskeip] *n.* 风景 people ['pi:pl] *n.* 人 wildlife ['waildlaif] *n.* 野生动植物 farming animal 牲畜
答案注意事项: *本章节前面为配对题，后面为选项填地图题。		

版本号：08116

话题背景	卷面识读词汇	答案拼写内容
一个培训学校的介绍	car park 停车场 credit card 信用卡	7.30 pm 下午7点半 administration officer 办公室管理人员 permit [pə'mit] *n.* 许可 common room 师生公共休息室 locker ['lɔkə] *n.* 寄物柜 in cash 付现金 security officer 安全官 fire drill 消防演练 12 weeks 12周 reception [ri'sepʃn] *n.* 接待
答案注意事项: *7.30 pm: 下午7点半，am上午，pm下午，是英式拼法；AM，PM是美式拼法，均正确。 *in cash: 付现金，cash前一定要加in，填by是错的。		

版本号：08120=08141

话题背景	卷面识读词汇	答案拼写内容
农场果园对比介绍	barren 贫瘠的 fruit 水果 farmland 农场 orchard 果园 fig 无花果	donkeys ['dɔŋki] *n.* 驴 apples ['æplz] *n.* 苹果 6 dollars 6美元 tomatoes [tə'mɑ:təuz] *n.* 番茄
答案注意事项: *本章节后4道题为选项填地图题。 *tomatoes: 番茄，原形为tomato，复数形式要加-es。		

版本号：08122=09128

话题背景	卷面识读词汇	答案拼写内容
学校开放日活动介绍	strength 强项 previous 早先的 reward 奖赏 October 10月 choir 合唱团 orchestra 管弦乐	classroom tour 教室游 video ['vidiəu] *n.* 电视录像 music ['mju:zik] *n.* 音乐 science ['saiəns] *n.* 自然科学，理科 tea and coffee 茶和咖啡 chess club 国际象棋俱乐部 reports [ri'pɔ:ts] *n.* 报告 Academic [,ækə'demik] *adj.* 学术的 November [nəu'vembə(r)] *n.* 11月 650 pounds 650镑

答案注意事项：

*November: 11月，月份是专有名词，首字母大写。

*Academic: 学术的，此处填写奖学金类型，Academic Scholarship，专有名词，首字母大写。

版本号：08124

话题背景	卷面识读词汇	答案拼写内容
所得税申报介绍	income 收入 tax 税 penalty 惩罚 download 下载	storage space 存储空间 calculating ['kælkjuleitiŋ] *n.* 计算 bank statement 银行对账单 evidence ['evidəns] *n.* 证明 health department 健康部门 April ['eiprəl] *n.* 4月 3,000 pounds 3,000英镑 mistake [mis'teik] *n.* 错误 website 站点 Sports Centre 运动中心

答案注意事项：

*April: 4月，月份是专有名称，首字母大写。

*Sports Centre: 运动中心，为专有名词，首字母大写。

版本号：08127

话题背景	卷面识读词汇	答案拼写内容
游园会介绍	cotton candy 棉花糖 clown 小丑 Ferris wheel 摩天轮 ball toss 掷球 balloon 气球 fair 展览会	

答案注意事项：

*本章节全部为选择题。

版本号：08136

话题背景	卷面识读词汇	答案拼写内容
一位女士介绍如何作简历面试的讲座	recommendation 推荐 document 文档 CV 简历 interview 面试 salary 薪水 training 培训 holiday 假期 handwriting 笔迹，书写体	Internet ['intənet] *n.* 因特网 not too long 不要太长了 typed 打出来的 layout ['lei,aut] *n.* 编排，版面 incorrectness 不正确 skill [skil] *n.* 技能 contact number 联系电话

答案注意事项：

*Internet: 因特网，首字母大写。

*too long: 太长了，是程度限定，too不能省去。

*hardworking: 笔记，是一个单词，注意拼写的准确度。

版本号：08138=09133

话题背景	卷面识读词汇	答案拼写内容
旧区改造介绍	power company 能源公司 traffic safety 交通安全 cable 电缆 bury 掩埋 Art Centre 艺术中心 Road Sign 路标 Children's Playground 儿童乐园	

答案注意事项：

*本章节前面为选择题，后面为选项填地图题。

版本号：08139=09112

话题背景	卷面识读词汇	答案拼写内容
到加拿大旅游参观	attraction 吸引力 dinosaur 恐龙 glacier 冰川	bones [bəunz] *n.* 骨头 footprints ['futprints] *n.* 脚印，足迹 mineral resources 矿石资源 early ['ə:li] *adj.* 早的 rest area 休息区 artificial [ˌɑ:ti'fiʃəl] *adj.* 人造的 blue [blu:] *n.* 蓝色 cleanest ['kli:nist] *adj.* 最清洁的 permit ['pə:mit] *n.* 通行证 by boat 乘船

答案注意事项:
*footprint: 脚印，是一个单词，注意拼写的准确度。
*cleanest: 最清洁的，clean（清洁的，干净的），此处所填写信息one of the rivers，应填写clean的最高级cleanest。
*rest area: 休息区，注意连读。
*by boat: 乘船，在说乘坐什么交通工具时，交通工具boat必须用单数形式。
*mineral resources: 矿石资源，resource 资源，通常用复数形式，此处应为resources。

版本号：08144=09138

话题背景	卷面识读词汇	答案拼写内容
一个动物园中北极熊生活习性的介绍	polar bear北极熊 height高度 speed速度 birth出生 fur毛	28, 000（熊的数量） at risk有危险 2.5-3 (metres)2.5～3米 swimming ['swimiŋ] n.游泳 season ['si:zən] n.季（节） winter ['wintə] n.冬天 30 months30个月

答案注意事项:
*at risk: 有危险，注意答案的准确度，不是at a risk。

版本号：08145=09135

话题背景	卷面识读词汇	答案拼写内容
汇演活动节目介绍	festival汇演 exhibition展览 hot balloon热气球 display展览 local newspaper当地的报纸	lake [leik] n.湖 picnic ['piknik] n.野餐 flowers ['flauəz] n.花 20（分钟数） motor ['məutə] n.汽车 Art Gallery艺廊 Concert Hall音乐厅 2.30 pm下午2点半

答案注意事项:
*motor: 汽车，注意拼写的准确度，是motor而不是moter。
*Art Gallery（艺廊），Concert Hall（音乐厅）：答案指的是这个城市的艺廊和音乐厅，专有名词，首字母大写。
*2.30 pm: 下午2点半，am上午，pm下午，是英式拼法；AM，PM是美式拼法，均正确。

版本号：08146=09136

话题背景	卷面识读词汇	答案拼写内容
环保及垃圾回收问题	paint 漆 consumer 消费者 top 盖子 battery 电池 printer 打印机	card [kɑːd] n. 卡片，名片 spare [spɛə(r)] adj. 多余的 car [kɑː] n. 汽车 glass [glɑːs] n. 玻璃 coloured ['kʌlə(r)d] adj. 有色的，彩色的 ink [iŋk] n. 墨水，油墨
答案注意事项： *本章节前5道题为选择题。		

版本号：08147

话题背景	卷面识读词汇	答案拼写内容
植树的好处与坏处	wildlife 野生动植物 risk 风险 insect 昆虫 reduce 减少	20 million 2, 000万 traffic noise 交通噪声 shade [ʃeid] n. 阴凉处 stress level 压力水平 rural ['ruərəl] adj. 农村的 climate ['klaimit] n. 气候 flooding ['flʌdiŋ] n. 水灾
答案注意事项： *climate: 气候，根据发音注意拼写的准确度，是climate不是climite。		

版本号：08148=09102

话题背景	卷面识读词汇	答案拼写内容
介绍不同电视节目类型及评价	positive 肯定的 negative 否定的 neutral 中立的 forest 森林	comedy ['kɔmidi] n. 喜剧 family ['fæmili] n. 家庭 documentary [ˌdɔkju'mentri] n. 纪录片 birds [bəːdz] n. 鸟 in 2050 在2050（年）
答案注意事项： *documentary: 纪录片，注意单词拼写的准确度，是documentary而不是documentery。		

版本号：09101

话题背景	卷面识读词汇	答案拼写内容
关于一个商场的广告推广	cover 棚；覆盖 newsletter 简讯	department stores 储藏室 800（个停车位） public transport 公共交通 finding lost children 寻找走失儿童 Tuesday to Saturday 从周二到周六 beach [biːtʃ] *n.* 海边 dance show 舞蹈秀 teenagers ['tiːneidʒə(r)z] *n.* 青少年 wallet ['wɔlit] *n.*钱包 discount ['diskaunt] *n.* 折扣
答案注意事项： *Tuesday to Saturday: 从周二到周六，星期为专有名词，首字母大写。		

版本号：09103=09119

话题背景	卷面识读词汇	答案拼写内容
三个节日推荐活动介绍	festival 节日 entertaining 愉快的 recommendation 建议	live music 现场的音乐 parking ['pɑːkiŋ] *n.* 停车场所，停车位 families ['fæmiliz] *n.* 家庭 feed the animals 喂动物 crowded ['kraudid] *adj.* 拥挤的 arrangement [ə'reindʒmənt] *n.* 安排 lost [lɔst] *adj.* 遗失的 sun hat 遮阳帽 sun protector 防晒物品 drinks [driŋks] *n.* 饮料 bus tickets 公交车票
答案注意事项： *live music: 现场的音乐，注意live的读音 [laiv]。		

版本号：09104

话题背景	卷面识读词汇	答案拼写内容
对书店设施位置的介绍	cushion 软垫 café 咖啡馆	
答案注意事项： *本章节前5道为选项地图题，后5道为选择题。		

版本号：09105

话题背景	卷面识读词汇	答案拼写内容
垃圾桶的分类及使用	dustbin垃圾箱 waste浪费	waterproof ['wɔ:tə(r)pru:f] *adj.*防水的 building ['bildiŋ] *n.*建筑物 overfill ['əuvə'fil] *v.*把……装得溢出 heavy ['hevi] *adj.*重的 plastic bag塑料袋 open ['əupən] *adj.*开着的 4 weeks四个星期 traffic ['træfik] *n.*交通 business ['biznis] *n.*日常工作，职业 stones [stəunz] *n.*石头
答案注意事项： *waterproof: 防水的，是一个单词，注意拼写的准确度。		

版本号：09106

话题背景	卷面识读词汇	答案拼写内容
工厂实践介绍	establish建立，设立 reward报答；报偿 technology科技；工艺学	cars [kɑ:(r)z] *n.*汽车 19281928年 cinema ['sinəmɑ:] *n.*电影院 quality ['kwɔləti] *n.*质量，品质 waste [weist] *n.*废料 safety ['seifti] *n.*安全，平安 website ['websait] *n.*网站站点 customers ['kʌstəməz] *n.*顾客，主顾 conference ['kɔnfərəns] *n.*讨论（会），会议 money ['mʌni] *n.*金钱
答案注意事项： *website: 网址，是一个单词，注意拼写的准确度。		

版本号：09107

话题背景	卷面识读词汇	答案拼写内容
关于一个野生动物志愿者组织的介绍和活动安排	wildlife野生的鸟兽 accommodation住处	
答案注意事项： *本章节前4道为选择题，后6道为配对题。		

Section Two

版本号：09108=09129

话题背景	卷面识读词汇	答案拼写内容
介绍三个艺术家的兴趣爱好	foyer （剧院等的）门厅	Open Gallery 没有围墙的画廊 On the Street 在街上 historical maps 历史地图 wildlife photographs 野生动物照片 theatre ['θiətə] *n.* 戏院 Australian ['ɔstreiliən] *n.* 澳大利亚人 picture library 图片图书馆 Design [di'zain] *n.* 设计 sports [spɔ:ts] *n.* 运动

答案注意事项：

*Kesteven: 是人名，专有名词，首字母大写。

*Design: 设计，此处要填的是College of Design 设计学院，是专有名词，因此Design必须大写。

*wildlife photographs: 野生动物照片，wildlife是一个单词，注意拼写的准确度。

*theatre: 戏院，theatre，theater 两者拼写均可，前者为英式，后者为美式。

*Australian: 澳大利亚人，专有名词，首字母大写。

*Open Gallery: 没有围墙的画廊，是国际节日的作品名称，专有名词，首字母大写。

*On the Street: 在街上，是国际节日的作品名称，专有名词，首字母大写。专有名词中，冠词和小于5个字母的介词无须大写，但On在词首，o必须大写，the无须大写。

版本号：09110

话题背景	卷面识读词汇	答案拼写内容
给实习生介绍酒店情况	manager 经理 tie 领带 formal 正式的	Area ['ɛəriə] *n.* 区域，地区 Deputy ['depjuti] *n.* 副手，代理人 conference ['kɔnfərəns] *n.* 会议 alarms [ə'lɑ:ms] *n.* 警报器，警报 carpark ['kɑ:(r)pɑ:k] *n.* 停车场 price [prais] *n.* 价格，价钱 shirt [ʃə:t] *n.* 衬衫 outside [ˌaut'said] *adv.* 在外面 public areas 公共区域 Emergency Exit 紧急出口

*Area （Manager）：区域经理，专有名词，首字母大写。

*Deputy （Manager）：常务经理，专有名词，首字母大写。

*carpark：停车场，是一个单词，注意单词拼写的准确度。

*Emergency Exit：紧急出口，地点专有名词，首字母大写。

版本号：09111

话题背景	卷面识读词汇	答案拼写内容
煤矿博物馆介绍	coal mining 煤矿 clothes 服装 beverage 饮料	1988 1988年

答案注意事项：

*此章节中间为选择题，后面为地图题。

版本号：09117

话题背景	卷面识读词汇	答案拼写内容
澳洲机场检疫服务	calm 安静 customs 海关 plant seeds 植物种子 pack 打包 belongings 财物	paper ['peipə] *n.* 纸 labels ['leibəlz] *n.* 标签 two (to) ten days 2～10天

答案注意事项：

*此章节前7道题为选择题。

*paper: 纸，是不可数名词，不能加-s。

*two (to) ten days: 2～10天，试卷上有to，只需填写two，ten days。

版本号：09118

话题背景	卷面识读词汇	答案拼写内容
卡通漫画展览	cartoon 漫画 politician 政治家 psychiatrist 精神病专家 family situation 家庭情况	students ['stju:dənts] *n.* 学生 comics ['kɔmiks] *n.* 连环漫画杂志，喜剧演员 discussion [di'skʌʃn] *n.* 讨论，商讨 print [print] *n.* 印成的图画、图案

答案注意事项：

*本章节有选项填地图题。

版本号：09120=09146

话题背景	卷面识读词汇	答案拼写内容
一个旅游中心的负责人向新员工介绍公司情况	package 一揽子交易 budget 预算 first-aid kit 急救箱	storeroom ['stɔ:(r)ru:m] *n.* 贮藏室 coffee machine 咖啡机 kitchen ['kitʃin] *n.* 厨房 receptionist [ri'sepʃənist] *n.* 接待员 front desk 前台 tax [tæks] *n.* 税

答案注意事项：
*此章节前面为选择题。 *storeroom: 贮藏室，是一个单词，注意拼写的准确度。

版本号：09134

话题背景	卷面识读词汇	答案拼写内容
防火注意事项	leaves树叶 volunteer志愿者	soft [sɔft] *adj.*软的 close [kləus] *adj.*接近的 10-1510～15（米） gaps [gæps] *n.*裂口，间隙 rubbish [ˈrʌbiʃ] *n.*垃圾 gas [gæs] *n.*气体，煤气 family [ˈfæmili] *n.*家庭 radio [ˈreidiəu] *n.*收音机，无线电广播 October [ɔkˈtəubər] *n.*10月 training [ˈtreiniŋ] *n.*训练
答案注意事项： *October：10月，专有名词，首字母大写。 *training：训练，注意拼写的准确度，中间是一个字母n，不是两个。 *本章节有图解标签题。		

版本号：09137

话题背景	卷面识读词汇	答案拼写内容
工作条件介绍	pattern skirt有图案的裙子 sweater后运动衣 extra额外的	flat [flæt] *adj.*平的 password [ˈpɑ:swə:d] *n.*密码 files [failz] *n.*文件 ID身份 photographs [ˈfəutəgrɑ:fs] *n.*照片 manager [ˈmænidʒə(r)] *n.*经理
答案注意事项： *此章节后5道题为填空题，答案要求一个单词。		

版本号：09139

话题背景	卷面识读词汇	答案拼写内容
如何节省汽车燃料消耗	engine 发动机 filter 过滤器 load 负荷	natural gas 天然气 heavy ['hevi] *adj.* 重的 2 （人） Tuesdays ['tju:zdiz] *adv.* 每星期二 fire ['faiə(r)] *v.* 点火 oil [ɔil] *n.* 油 closed [kləuzd] *adj.* 关闭的 empty ['empti] *adj.* 空的 standard grade 标准等级 road [rəud] *n.* 路

答案注意事项：

*natural gas：天然气，注意是natural不是nature。

*Tuesdays 每星期二，注意星期为专有名词，首字母大写。

版本号：09140

话题背景	卷面识读词汇	答案拼写内容
加热器介绍	reset button 复原按钮 switch 开关 takeaway 外卖	7723281 （电话号码） Thursday ['θə:zdi] *n.* 星期四

答案注意事项：

*本章节前3道题为图解标签题，中间5道为配对题。

*Thursday：星期四，专有名词，首字母大写。

版本号：09141

话题背景	卷面识读词汇	答案拼写内容
关于学校提供兼职工作	enquiry 询问，打听 lawyer 律师 faculty 院系 tax 税；税额	overseas [ˌəuvə'si:z] *adj.* 海外的 Woodside （地址名） 8.00am 早上8点 Tuesday ['tju:zdi] *n.* 星期二 website ['websait] *n.* 网站

答案注意事项：

*本章节后5道题为选择题。

*overseas：海外的，录音原文说的是overseas students，注意不要写成oversea。

*Woodside：此处是地址，Woodside Campus，专有名词首字母W必须大写。

*Tuesday：周二，星期为专有名词，首字母大写。

*website：网站，为一个单词，注意拼写的准确度。

版本号：09142

话题背景	卷面识读词汇	答案拼写内容
节日活动安排介绍	participate参加，参与	singing [siŋiŋ] n.唱（歌） CD光盘 weekend [ˌwi:k'end] n.周末 painting ['peintiŋ] n.绘画 lessons ['lesns] n.功课 poster ['pəustə(r)] n.海报 fish [fiʃ] n.鱼 video ['vidiəu] n.电视；电视录像 basket ['bɑ:skit] n.篮 T-shirtT恤衫

答案注意事项：

*singing：唱歌，试卷上此处为participate in_________，此处要填sing的动名词形式singing。

*weekend：周末，是一个单词，注意拼写的准确度。

版本号：09144

话题背景	卷面识读词汇	答案拼写内容
学前班课程介绍	Montessori蒙特梭利（人名） attend参加	3 months3个月 cooperative [kəu'ɔpərətiv] adj.合作的，协作的 mixed [mikst] adj混合的 training ['treiniŋ] n.培训 job [dʒɔb] n.工作 meeting ['mi:tiŋ] n.聚会 visits ['vizits] n.参观；游览 activities [æk'tivətiz] n.活动 reading ['ri:diŋ] n.阅读 confidence ['kɔnfidəns] n.信心

答案注意事项：

*cooperative：合作的，中间是两个字母o，注意拼写的准确度。

版本号：09147

话题背景	卷面识读词汇	答案拼写内容
建立儿童花园的介绍	snow pea荷兰豆 cherry tomato樱桃西红柿 lettuce生菜 sun flower向日葵	string [striŋ] n.（细的）绳子 shade [ʃeid] n.荫；阴凉处 spoon [spu:n] n.勺子；羹匙 bird-watching鸟瞰 night tour夜游 roses ['rəuziz] n.玫瑰花

答案注意事项：

*by string：用绳子，by后面要用单数形式。

*本章节中间4道为配对题。

版本号：09148

话题背景	卷面识读词汇	答案拼写内容
介绍博物馆的展览	local residence 当地民宅 model 模特	Information Desk 问讯台 lockers ['lɔkə(r)z] *n.* 存衣柜

答案注意事项：

*本章节前8道为选择题。

*Information Desk：咨询台，专有名词，首字母大写。

请关注卢峭梅老师预测网站：

http://blog.sina.com.cn/luqiaomei

预测记录

SECTION 3

雅思听力的难度是分级别的，从Section 1到Section 4，难度逐级上升。而难度不同，考试任务也就不同。Section 1是保分，Section 2 & 3是争分，Section 4则是挑战。

Section 3——课外学习背景（Before & After-Class Context）

这一部分最可爱的地方在于考生容易对场景进行有效预测，它的大部分场景都限定在了师生之间以及同学之间的在课堂外的对话讨论，如：作业讨论（ assignment discussion ）、课程介绍和选择（ course introduction & selection ）、学习经验交流(exchange ideas)、课程辅导(tutorial)、请教咨询（consultation）如何写论文(essay preparation)，如何做课堂陈述(presentation)，科研调查设计（ research & survey ）等等，对于这样的一些话题，熟悉学校场景的同学在短时间读题完毕后，就能大致预测出录音的内容、对话者之间的话题走向，也就是考生应尽可能做到anticipation & participation。

21=40121

23=40106=40123=50131=06319

27=50102=06113

32=20023=40108

34=50233=06110=06120=08139

37=50114

40=40206

66=30040=30041=30061=08120

71=40208

30018=40109

30020=40114=40211=08124=09128

30033=07125=08142=09107

30036=50112=07121=07147

30038=50134=50139=08132

30042=50113=06124=07126=07137

30044=50116=08117=09130

30059=09104

30064=30081=07106

30074=08104=08131

30079=30080=07101

30086=08128=08138=09141

40101=50124=06142

40112=40203=50101=50126=06139=06144
=07141=08144

50147=06111

06130=07131=08101

06136=06316=08129

07102=07104=09123

07134=08115=08126=09109

07148=09117

08111=09106

08118=08135

08125=08143=09103

08136=09134

08140=09137

22=06101

26=06114

31=40105=40216

33=40205

36=06119

39=50106=50121=06140=08102

41=50103=50105=07122=07145=09129

70=40213=06138

30014=40102=40214

30019=40113=40215=06125=07139

30032=40201=06103=06109=08106=09101

30034=50137=06106=07143=08147

30037=50110=50118=06126=07107=07118

30039=50133=06148=08123

30043=09131

30058=40103=40116=40202=50108=50301
=07142

30060=06146=08108

30072=07127=07132=07135

30076=30078=06102=07111=08109

30085=08113=08119=09127

30090=07112=08141

40110=50130=06121=07114

50109=50127=08146

06108=08130=09118

06134=07116=07119=08145=09111

06141=08127

07109=09108

07138=08110

08107=09110

08116=09147

08122=09105

08134=09144

08137=09112

09119=09148

版本号：21=40121

话题背景	卷面识读词汇	答案拼写内容
两个女生向另一女生讨教学习经验	exchange 交换 draft 草稿 cancel 取消 documental 文件的	A plus 学习成绩A+ lecture ['lektʃə(r)] *n.* 讲座 essay plans 论文计划 department [di'pɑːtmənt] *n.* 系 pink slip 粉色的索书单 25 pence 25便士 feedback ['fiːdbæk] *n.* 反馈 Information Desk 服务台 summary ['sʌməri] *n.* 摘要，概要

答案注意事项：

*Information Desk: 服务台，地点专有名词，首字母大写。

*本节是英国大使馆样题，不会再考。

版本号：22=06101

话题背景	卷面识读词汇	答案拼写内容
关于三种广告类型的讨论	danger 危险 water 水 product 产品 sunlight 日光 silence 安静 dominate 在……中占主要地位	yellow ['jeləu] *n.* 黄色 black [blæk] *n.* 黑色 red [red] *n.* 红色 blue [bluː] *n.* 蓝色 Simple is better. 简单就好。 Teletech （广告类型，卷上有拼写） Easidol （广告类型，卷上有拼写）

答案注意事项：

*Simple is better: 简单就好。是卷面上要填写的广告原则，因为是句子，主语首字母S大写。

版本号：23=40106=40123=50131=06319

话题背景	卷面识读词汇	答案拼写内容
莱特兄弟发明飞机	occasionally 偶尔地 engine 引擎 Wright brothers 莱特兄弟 data 数据 model 模型	wind design 机翼设计 wind tunnel 风洞（技术） more efficient 更加有效的 Sydney ['sini] *n.* 悉尼 weight [weit] *n.* 重量 New Zealander 新西兰人（国籍） self-funded 自筹资金的

答案注意事项:

*本章节前3道题为选择题。

*Sydney: 悉尼，专有名词，注意首字母大写。

*New Zealander: 新西兰人，专有名词，注意首字母大写。

版本号：24

话题背景	卷面识读词汇	答案拼写内容
对三个学生的访谈	major专业 problem问题	Medicine ['medsn] *n.* 医学 Literature and Psychology 文学和心理学 first year第一年 18 years18岁 parents' want父母亲的希望 poor oral Chinese糟糕的中文口语表达 boring general science乏味的科学理论 special rules特殊规则

答案注意事项:

*Medicine（医学），Literature and Psychology（文学和心理学）：两者均为学科名称，专有名词首字母大写。但专有名词中有冠词；五个字母以下的介词；不定式的to；部分连词（and、for、or）等不用大写，and 属于这类情况。

*first year: 第一年，注意连读。

*18 years: 18岁，录音中说的是I'm not quite 19 yet，因此填18 years。

*parents' want: 父母亲的希望，parents是-s结尾的复数名词，所以所有格形式直接加“'”即可。

版本号：25

话题背景	卷面识读词汇	答案拼写内容
一对艺术系的学生商量如何录制一档录像节目	Thursday星期四 interviewee被调查者 quality质量 clear有条理的 informative信息量大的	students ['stju:dnts] *n.*学生 A College Tour学院游 designer [di'zainə(r)] *n.*设计师 writer ['raitə(r)] *n.*作家 city overhead view城市鸟瞰风景 college close-up学院特写 teacher ['ti:tʃə] *n*教师

答案注意事项:

*A College Tour: 学院游，是这档录像的名称，专有名词，首字母大写。

*city overhead view: 空中俯视下（鸟瞰）的城市风景，overhead 头顶上的，是一个单词。

*college close-up: 学院特写，close-up 特写，是一个单词，中间用连字符“-”连接。

版本号：26=06114

话题背景	卷面识读词汇	答案拼写内容
一个老师给一对男女生有关学习的建议	revision 复习 emergency 紧急情况 cramming 填鸭式学习	enjoy your courses 喜欢你所上的课程 learn well 学好 6 weeks 6星期 immediately and regularly [i'mi:diətli] ['regjulə(r)li] 立刻地和有规律地 breaks [breikz] n 休息 80%（遗忘率） add panic 增加恐慌 lack of sleep 缺少睡眠 biology [bai'ɔlədʒi] n 生物学 75 minutes 75分钟
答案注意事项： *add panic：增加恐慌，注意失去爆破音。 *lack of sleep：缺少睡眠，注意 lack of 连读。		

版本号：27=50102=06113

话题背景	卷面识读词汇	答案拼写内容
师生关于“购物习惯”所做市场调查的讨论	occupation 职业 stationery 文具	cashier [kæ'ʃiə(r)] n. 出纳员 50 pounds 50镑 big department store 大百货商店 jeans [dʒi:nz] n. 牛仔裤 45 pounds 45镑 75 pounds 75镑 less than 20 pounds 不足20镑 trousers ['trauzəz] n. 长裤 sportswear ['spɔ:tswɛə(r)] n. 运动式的休闲服 shoes [ʃu:z] n. 鞋
答案注意事项： *jeans: 牛仔裤，注意要加s。 *big department store: 大百货商店，注意失去爆破音。 *cashier: 出纳员，注意拼写的准确度。 *此部分出现了饼状图，注意听数据。		

版本号：29

话题背景	卷面识读词汇	答案拼写内容
女留学生和以前的老师聊关于在海外学习的情况	critical thinking以挑剔的眼光去考虑 session（进行某种活动连续的一段时间） 假期	approach [ə'prəutʃ] v.接近，着手处理 mature [mə'tjuə(r)] adj.更加成熟的 interest ['intrəst] v.使产生兴趣 in small group小组形式 every second day每隔一天 much more confident更加自信的 education system教育体系
答案注意事项： *maturer: 更加成熟的，此处需要填写比较级。 *every second day: 每隔一天，every second day=every two days=every other day，后者最常用。 *much more confident: 更加自信的，程度限定答案必须有much more。		

版本号：30

话题背景	卷面识读词汇	答案拼写内容
两个女生和一个男生听完讲座后在咖啡馆讨论如何学习记笔记	lecture讲座 note笔记 record录音 waste of time浪费时间 loose spiral notebook活页本 review promptly迅速地复习 heading标题 repetition重复 margin页边空白 emphasis重点 abbreviation缩写	
答案注意事项： *此章节全部为选择题。		

版本号：31=40105=40216

话题背景	卷面识读词汇	答案拼写内容
两学生讨论做课堂陈述的准备工作及内容	geographic location地理位置 economics经济学 overhead projector高射投影仪 encyclopaedia百科全书	5 minutes5分钟 assessed [ə'sest] v.被评定 Media Room多媒体实验室 Resource Room资料室 embassy ['embəsi] n.大使馆 statistics [stə'tistiks] n.数据

答案注意事项:
* 《剑7》 Test 4的S3，不会再考。
*assessed: 被评定，此处填写的是被动语态。

版本号：32=20023=40108

话题背景	卷面识读词汇	答案拼写内容
日本女生及印度男生和男导师讨论准备做课堂陈述	nerverous紧张的 consult参考 reference book参考书 vocabulary词汇 engineering工程学	

答案注意事项:
*此章节全部为选择题。

版本号：33=40205

话题背景	卷面识读词汇	答案拼写内容
三个学生讨论作业	small-scale小规模	collecting data收集数据 1,5001500（论文字数） 55（门课） 3,000-4,0003000～4000（报告字数） Mehta（人名） Survey Research调查研究（书名） London University伦敦大学 19881988（年）

答案注意事项:
*Survey Research: 调查研究，此处是书名，专有名词，首字母大写。
*London University: 伦敦大学，专有名词，首字母大写。
* 《剑4》 Test 2的S3，不会再考。

版本号：34=50233=06110=06120=08139

话题背景	卷面识读词汇	答案拼写内容
询问选修课程	compulsory 必修的 regular 定期的 general courses 公共课 specified course 专业课 flexible 灵活的 Microbiology 微生物学 full-time 专职的 campus 校园 experimental facilities 实验设备 environmental science 环境科学 Statistics 统计学 Mathematics 数学	textbook allowance 课本津贴
答案注意事项： *此章节前6道题为选择题，中间3道题为配对题。		

版本号：35

话题背景	卷面识读词汇	答案拼写内容
师生间关于论文延期、推荐节目及作业的讨论	assignment 作业 extension 延期 deadline 最终期限 methodology 方法 uncooperative 不合作的 landlord 房东	
答案注意事项： *《剑4》Test 1的S3，不会再考。 *此章节全部为选择题。		

版本号：36=06119

话题背景	卷面识读词汇	答案拼写内容
南极条约	Christchurch 基督城 geographical location 地理位置 Antarctica 南极洲 Arctic 北极 continent 大陆 military 军事的 nuclear 核的 slope 斜坡	1882-1883（年） signed [saind] *v.* 签署

答案注意事项：

*《剑7》Test 2的S3，不会再考。

版本号：37=50114

话题背景	卷面识读词汇	答案拼写内容
教授指导学生选校以及介绍学校的日常课程和规定	prospectus说明书 study aids教具 marketing branch行销部门 recommend介绍 drop-out rate退学率 assessment评估 academic teaching staff师资力量	sports [spɔːts] *n.*运动 entertainment [ˌentəˈteinmənt] *n.*娱乐 accommodation [əˌkɔməˈdeiʃn] *n.*食宿

答案注意事项：

*此章节前3道题和后4道题均为多选题。

版本号：38

话题背景	卷面识读词汇	答案拼写内容
关于对幼儿园小孩做实验的讨论	jar广口瓶 experiment实验 paper clip纸夹 cardboard硬纸板 drill钻 pin大头针 bolt螺栓	20 balloons20个气球 units of measurement度量单位 rock salt岩盐，石盐 crystal [ˈkristl] *n.*水晶 string [striŋ] *n.*线 light [lait] *n.*光

答案注意事项：

*《剑4》Test 4的S3，不会再考。

版本号：39=50106=50121=06140=08102

话题背景	卷面识读词汇	答案拼写内容
关于足球裁判课程的讨论	referee裁判 regrettable不幸的，令人遗憾的 abuse辱骂 low pay收入低 football match足球赛	8 am on Saturday周六早晨8点 6 pm on Sunday周日晚上6点 6060（人） CV/curriculum vitae履历 lack practical course缺乏实践课程

答案注意事项：

*CV/curriculum vitae: 履历，两个答案写法均可，注意CV大写。

*8 am on Saturday, 6 pm on Sunday: Saturday 周六、Sunday周日，专有名词，首字母大写，且am，pm 及AM，PM均可，前者为英式拼写，后者为美式拼写。

版本号：40=40206

话题背景	卷面识读词汇	答案拼写内容
老师帮助回到学校重新充电的男士选课	postgraduate 研究生 executive 高级主管 seminar 研讨班 clarity 清楚 analytical 分析的 committee 委员会 enrol 登记 literacy 有读写能力 cope with 应付	
答案注意事项： *《剑4》Test 3的S3，不会再考。 *此章节全部为选择题。		

版本号：41=50103=50105=07122=07145=09129

话题背景	卷面识读词汇	答案拼写内容
男女生关于新旧车比较及安全问题调查	accessible 可接近的 respondent 被调查者 questionnaire 调查问卷 steer 驾驶 seat belt 安全带	environmental issues 环保问题 classical ['klæsikəl] *adj.* 经典的 repaired cost 修理费用 safety ['seifti] *n.* 安全 insurance [in'ʃuərəns] *n.* 保险
答案注意事项： *environmental issues: 环保问题，注意environmental 拼写的准确度。		

版本号：66=30040=30041=30061=08120

话题背景	卷面识读词汇	答案拼写内容
学生关于课程选择的讨论	journalism 新闻学 placement 安置 freedom 自由	challenging ['tʃælindʒiŋ] *adj.* 富有挑战的 easy to understand 易于理解 cinema ['sinəmə] *n.* 电影院 clubs [klʌbz] *n.* 俱乐部 activity [æk'tivəti] *n.* 活动 one year 1年 an apartment [ə'pɑ:tmənt] 一处公寓
答案注意事项： *activities: 活动，其单数形式为activity。 *an apartment: 一处公寓，因为apartment是元音音标开始的词，所以答案要用an而不是a。		

版本号：67

话题背景	卷面识读词汇	答案拼写内容
关于电影拍摄的选题	project 课题 contact 接触 compromise 妥协	home [həum] n. 家 dinner ['dinə(r)] n. 晚饭 technical ['teknikl] adj. 技术的 slang [slæŋ] n. 俚语，行话 cooperation [kəu,ɔpə'reiʃ ən] n. 合作，协作 persuading [pə'sweid] v. 说服 edit ['edit] v. 编辑 complete [kəm'pli:t] v. 完成 experiment [ik'sperimənt] n. 做实验 long [lɔŋ] adj. 长的
答案注意事项： *dinner: 晚饭，注意单词拼写的准确度，双写n。 *《剑5》Test 2的S3，不会再考。		

版本号：68

话题背景	卷面识读词汇	答案拼写内容
女生电话咨询电脑培训课程	advanced course 高级课程 workshop 研讨班	Centre Manager 中心主任 People's Bank 人民银行 expensive [ik'spensiv] adj. 昂贵的 bus [bʌs] n. 小汽车 in advance 预先 resit [,ri:'sit] v. 重考，补考
答案注意事项： *Centre Manager: 中心主任，特定人物，专有名词，首字母大写。 *People's Bank: 人民银行，特定地点，专有名词，首字母大写。 *in advance: 预先，连读，注意语音。		

版本号：69

话题背景	卷面识读词汇	答案拼写内容
讨论会议安排和具体行程	row 排，行 Sales Director 销售经理 refreshments 点心	Books on Forbes 福布斯（财富杂志） advertising leaflet 广告传单 by E-mail/email/e-mail 电子信函 senior manager 高级经理人员 40 40个（座位） 5.00-6.30 pm 下午5点～6点30 coffee & sandwich 咖啡和三明治 Central Avenue 中央大街 heating ['hi:tiŋ] n. 供暖系统 dinner ['dinə(r)] n. 晚饭

答案注意事项：

*Books on Forbes: 有关福布斯的书，因为是讲座的题目，专有名词首字母大写。但专有名词中有冠词；五个字母以下的介词；不定式的to；部分连词（and、for、or）等不用大写，on 属于这类情况，所以不必大写。

*5.00-6.30 pm: 下午5点～6点30，am、pm是英式拼写，AM、PM是美式拼写，两者都正确。

*Central Avenue: 中央大街，专有名词首字母大写。

*dinner: 晚饭，注意拼写的准确度，不要错写成diner[dainə] *n.*（用餐者）。

版本号：70=40213=06138

话题背景	卷面识读词汇	答案拼写内容
四个学生讨论生物学课程内容	Syndicate 财团 presentation 口头陈述	share ideas 观念共享 much deeper research 更深度的研究 Mountain Building 造山运动（课题名称） 17th May 5月17日 29th May 5月29日 30-40 minutes 30～40分钟 questions & discussion 提问和讨论 articles from journals 期刊中的文章 Internet ['intənet] 互联网 photocopy ['fəutəukɔpi] *n.* 复印件

答案注意事项：

*Mountain Building: 造山运动，是课题名称，专有名词，首字母大写。

*17th May，29th May: 月份是专有名词，首字母大写。

*Internet: 互联网，要大写，注意拼写的准确度。

版本号：71=40208

话题背景	卷面识读词汇	答案拼写内容
师生关于选择专业、导师等的讨论	supervisor 指导老师 pool 可召之即来的一伙人 candidate 候选人	starter project 启动课题 lack of confidence 缺少信心 help from friends 朋友的帮助 work hard 努力工作

答案注意事项：

*本章节前6道题为选择题。

版本号：30014=40102=40214

话题背景	卷面识读词汇	答案拼写内容
宾馆犯罪	organization 组织 prevention 预防 frequent 频繁的 enhance 提高 tourism 旅游业 trend 动态	hotels & shops 酒店和商店 $5\frac{1}{2}$ years 5年半 room [ru:m] *n.* 房间 York 约克（地名） locking doors 锁门 check identities 核对身份 main entrance 主入口 insurance companies 保险公司 violent crime 暴力犯罪 poor area 贫穷地区

答案注意事项:

*York: 约克，地名专有名词，首字母大写。

*$5\frac{1}{2}$ years: 5年半，录音中说five and a half years。

*check identities: 核对身份，identity身份，注意复数形式的特殊变化。

*insurance companies: 保险公司，company公司，注意复数形式的特殊变化。

*poor area: 贫穷地区，注意语音连续。

版本号：30015

话题背景	卷面识读词汇	答案拼写内容
女士工作后回学校进修，咨询有关图书馆的使用情况	title 题目 journal 期刊 resource 资源	card catalogue 卡片目录 computer [kəm'pju:tə(r)] *n.* 计算机 printed list 打印的目录 British Library 大英图书馆 photocopy of article 文章影印件 save time 节约时间 various department (libraries) 各个系的(图书馆) Main Library 总图书库 Microfilm Library 缩微胶卷图书库 CD-ROM Library 音像资料库

答案注意事项:

*card catalogue: 卡片目录，catalogue，catalog均正确，前者是英式拼写，后者是美式拼写。

*printed list: 打印的目录，注意听音是printed list 而不是print list。

*British Library: 大英图书馆，专有名词，首字母大写。

*Main Library: 主图书库，专有名词，首字母大写。

*Microfilm Library: 缩微胶卷图书库，专有名词，首字母大写。

*CD-ROM Library: 音像资料库，专有名词，首字母大写且CD-ROM（光碟）的每个字母都须大写。

版本号：30018=40109

话题背景	卷面识读词汇	答案拼写内容
一名助残组织工作人员的日常生活和工作	6.30 am 早晨6点30 the disabled 残疾人 helper 助手 volunteer 志愿者 raise fund 筹集资金 do farm work 做农活	40 40名（工作人员数量） 15 15名（志愿者数量）
答案注意事项： *本章节前2道题，后2道题均为选择题，中间4道为配对题。		

版本号：30019=40113=40215=06125=07139

话题背景	卷面识读词汇	答案拼写内容
男女生讨论电视节目的制作流程	inspirit 激励 tiring 疲劳的 inaccurate 不准确的 soap opera 肥皂剧	story conference 节目故事情节选题会 planning meeting 计划会议 4 weeks 4周 videotape editor 录像编辑人员
答案注意事项： *本章节前面为选择题。 *videotape editor: 录像编辑人员，videotape录像带，是一个单词，注意单词拼写的准确度；editor 编辑人员，单词结尾是-or，不是-er，注意单词拼写的准确度。		

版本号：30020=40114=40211=08124=09128

话题背景	卷面识读词汇	答案拼写内容
女学生和教授谈求职注意事项	motivation 动机 desire to learn 学习的愿望 enthusiasm 积极性 lack of confidence 缺乏自信 sack 解雇 unemployed 失业的 appearance 外貌 applicant 申请者 mature 成熟的 readjust 再调整 betray 背叛	presentation [ˌprezn'teiʃn] *n.* 介绍
答案注意事项： *本章节前9道题均为选择题。		

版本号：30032=40201=06103=06109=08106=09101

话题背景	卷面识读词汇	答案拼写内容
学生就校园不同设施存在问题的调查结果及改良方案做课题汇报的讨论	minibus 小巴 lack of facilities 设备缺乏 install 安装 insurance office 保险办公室 OHP (overhead projector) 顶置投影仪	10 pm 晚上10点 choices [ˈtʃɔisiz] n. 选择 drinking machine 饮水机 photocopy office 影印室

答案注意事项：

*本章节后6道题全部为选择题。

*drinking machine: 饮水机，drinking注意拼写，须有-ing。

*photocopy office: 影印室，photocopy 影印，是一个单词，注意拼写的准确度。

*此章节有饼状图的选择，注意听数据。

版本号：30033=07125=08142=09107

话题背景	卷面识读词汇	答案拼写内容
男女生讨论教授对课堂陈述的要求	audience 观众 content 内容 question handling 处理问题 photojournalism 新闻摄影	first-year students 一年级学生 14th November 11月14日 summary [ˈsʌməri] n. 摘要 whiteboard [ˈhwaitbɔːd] n. 白板 beginning [biˈginiŋ] n. 开始 read aloud 大声朗读 plan time 计划时间 presentation skill 陈述技巧 filmed [filmd] v. 被拍摄

答案注意事项：

*first-year students: 一年级学生，注意first-year的语音连读，且first-year修饰student，因此中间需有连字符连接。

*beginning: 开始，注意拼写的准确度，注意中间是两个字母n。

*whiteboard: 白板，是一个单词，注意拼写的准确度。

* filmed: 被拍摄，film拍摄，但此处需要填写被动结构，be filmed 被摄录下来。

版本号：30034=50137=06106=07143=08147

话题背景	卷面识读词汇	答案拼写内容
学生询问选题汇报时间、所需材料及内容	booklist 书单 confirm 确认 material 材料 project 课题 presentation 课堂陈述	14th-24th June 6月14日至24日 early evening 傍晚 seminar group 研讨小组 list of objectives 目标列单 project outline 设计方案 wide reading 广泛地阅读 a clear argument 清楚的论证 design research 设计研究 theory chapters 理论章节 checklist 清单 www.studentlink.com （网址）

答案注意事项：

*early evening: 傍晚，程度限定，答案必须有early（早先的）。

*checklist: 清单，是一个单词，注意拼写的准确度。

*www.studentlink.com中的www可以念成w-w-w或者是triple w，“.”念成dot。

版本号：30036=50112=07121=07147

话题背景	卷面识读词汇	答案拼写内容
学生对学校有关人员就学生日常花费调查的访谈节目	grant 资助 debt 债务 expense 开支 loan 贷款 budget advice 预算建议	financial goals 财政目标 spending plan 花费计划 money diary 通货日记 fixed [fikst] *adj.* 固定的 books [buks] *n.* 书 optional [ˈɔpʃnl] *adj.* 可选择的

答案注意事项：

*spending plan: 花费计划，注意仔细辨音，是spending不是spend。

*money diary: 通货日记，也就是记录资金往来情况的资金流水账，注意拼写的准确度，是diary [ˈdaiəri] *n.*（日记），不是dairy [diəri] *n.*（奶制品）。

*fixed: 固定的，注意吞音，拼写要有-ed。

版本号：30037=50110=50118=06126=07107=07118

话题背景	卷面识读词汇	答案拼写内容
阅读习惯调查访谈报告	catalogue 目录 journal 定期刊物 occupation 职业 the employed 有工作者 the unemployed 失业者 the retired 退休者	Reading Habit 阅读习惯 interview ['intəvju:] n. 采访 random ['rændəm] adj. 随意的 books [buks] n. 书 leisure ['leʒə(r)] n. 闲暇 fiction ['fikʃn] n. 小说 newspaper ['nju:speipə] n. 报纸
答案注意事项： *Reading Habit: 是研究题目，专有名词，首字母大写。 *此章节有曲线图和饼状图选择，注意听有关数据和趋势的词。		

版本号：30038=50134=50139=08132

话题背景	卷面识读词汇	答案拼写内容
学生关于某旅游地环境改变情况的讨论	interview 采访 area 面积 on site 现场 faculty 学院	farming ['fɑ:miŋ] n. 耕作 environmental damage 环境损害 tourist ['tuərist] n. 旅行者 sample ['sɑ:mpl] n. 样品 21,000 km^2 21000平方公里 10.5 km^2 10.5 平方公里 measurement ['meʒəmənt] n. 测量 soil [sɔil] n. 土地 photographs ['fəutəgrɑ:fs] n. 照片 map [mæp] n. 地图
答案注意事项： *environmental damage：环境损害，注意damage（损害）是不可数名词，不可加-s。		

版本号：30039=50133=06148=08123

话题背景	卷面识读词汇	答案拼写内容
学生要做关于再循环调查采访，预约采访相关人员	focus 中心焦点 notebook 笔记本 adviser 指导老师	glass [glɑːs] *n.* 玻璃 green waste 园林垃圾 senior manager 高级经理 Education Officer 训导主任 employee [ˌemplɔiˈiː] *n.* 雇员 statistics [stəˈtistiks] *n.* 统计数字 tutor [ˈtjuːtə(r)] *n.* 指导教师 end of term 学期末 research approach 研究方法 tape recorder 磁带录音机

答案注意事项：

*Education Officer: 训导主任，是专有名词，首字母要大写。

*end of term: 学期末，注意连读。

*tape recorder: 磁带录音机，注意失去爆破音。

版本号：30042=50113=06124=07126=07137

话题背景	卷面识读词汇	答案拼写内容
两个学生向导师汇报所做的市场策略调研课题	goes up 上升 even 持平 brand 商标 German 德国 Italy 意大利 volume 量 New Zealand 新西兰 chocolate 巧克力 cheese 奶酪 cosmetic 化妆品	colour [ˈkʌlə(r)] *n.* 颜色 cleansing product（面部）清洁产品 container [kənˈteinə(r)] *n.* 容器；集装箱 materials [məˈtiəriəls] *n.* 原料 image [ˈimidʒ] *n.* 形象 advertisement [ədˈvəːtismənt] *n.* 广告

答案注意事项：

*colour: color（颜色）两者拼写均正确，前者是英式拼写，后者是美式拼写。

*cleansing product:（面部）清洁产品，cleaning product（家用清洁用品），注意区分，且注意 cleanse [klenz] *vt.*（清洗）的读音。

*本章节有曲线图选择，注意听描述趋势的词。

版本号：30043=09131

话题背景	卷面识读词汇	答案拼写内容
老师讨论课程设置和教学方法	graph 图表 syllabus 教学大纲 methodology 方法论	broader ['brɔːdə(r)] *adj.* 更宽的 magazines [ˌmægə'ziːnz] & newspapers ['njuːspeipə(r)z] 杂志和报纸 cartoon [kɑː'tuːn] *n.* 卡通 interviews ['intəvjuːz] *n.* 采访 useless ['juːslis] *adj.* 无价值的 crime [kraim] *n.* 犯罪 subject ['sʌbdʒikt] & theme [θiːm] 题目和主题 matching 匹配 approaches [ə'prəutʃiz] *n.* 方法 classifying 分类

*newspapers: 报纸，newspaper当(新的)报纸，如可以看的，是可数名词；当（旧的）报纸，如用来包东西时，为不可数名词，此处加-s。

*cartoon: 漫画，注意拼写的准确度，是两个o。

*approaches: 方法，原型为approach，复数形式加-es，后面的介词跟to。

*matching: 匹配（动词match的-ing形式）。

*classifying: 分类（动词classify的-ing形式）。

版本号：30044=50116=08117=09130

话题背景	卷面识读词汇	答案拼写内容
女学生和导师谈论作业、实验汇报及选课事宜	tutor 指导老师 submit 提交 abstract 摘要 communication skills 交际技巧 intercourse analysis 交际分析 psycholinguistics 心理语言学	references ['refərənsiz] *n.* 参考书目 more examples 更多的实例 next seminar 下一次研讨课 explain the experiment carefully 细致地解释试验 26th November 11月26日 Chemistry Laboratory/Lab 化学实验室 professor [prə'fesə(r)] *n.* 教授

答案注意事项：

*more examples: 更多的实例，答案一定要有more。

*next seminar: 下一次研讨课，注意此词组失去爆破音。

*explain the experiment carefully: 细致地解释试验，此处答案必须有程度限定carefully（仔细地）（此处试卷上对答案的字数要求可以为4个单词）。

*Chemistry Laboratory/ Lab: 化学实验室，专有名词，首字母大写。

*professor: 教授，注意单词拼写准确度，此单词结尾是-or而不是-er。

版本号：30045

话题背景	卷面识读词汇	答案拼写内容
男女生讨论大学对比	essay 论文 suburb （城镇的）郊区 outskirts 外围地区 urban 城市的	
答案注意事项： *本章节全部为选择题。		

版本号：30049

话题背景	卷面识读词汇	答案拼写内容
讨论鸟的迁徙和进化后不会飞的鸟	shortage 缺乏 emu 鸸鹋 kiwi 几维鸟 ostrich 鸵鸟 kaka 橄榄色鹦鹉	danger ['deindʒə] *n.* 危险 food [fud] *n.* 食物 lifestyle ['laifstail] *n.* 生活方式 join together 连接在一起
答案注意事项： *本章节后6道题为配对题。 *lifestyle: 生活方式，是一个单词，注意拼写的准确度。 *danger: 危险，录音中听到的是dangerous ['deindʒərəs] *adj.*（危险的），但试卷上填空为because of ______，所以填写名词danger。		

版本号：30058=40103=40116=40202=50108=50301=07142

话题背景	卷面识读词汇	答案拼写内容
女生与导师讨论论文，希望老师给予指导并推荐相关书目	guidance 指导 irrelevant 不相关的 misinterpret 曲解 out of temper 生气 workshop 研讨班	virtual learning 虚拟学习 administrator [əd'ministreitə(r)] *n.* 行政人员，网络管理员 every two weeks 每隔两周 business ['biznis] *n.* 商业 science ['saiəns] *n.* 自然科学
答案注意事项： *administrator: 行政人员，网络管理员，注意此单词结尾为-or，不是-er，注意单词拼写的准确度。		

版本号：30059=09104

话题背景	卷面识读词汇	答案拼写内容
两个学生关于成人学生学习情况调查汇总	mature student 心智成熟的学生，好学生 literature 文献 respondant 被调查者	160 160（人） application·[ˌæpli'keiʃn] *n.* 实际应用 scientific [ˌsaiən'tifik] *adj.* 用于科学研究的 artistic [ɑː'tistik] *adj.* 有艺术技巧的 observation [ˌɔbzə'veiʃn] *n.* 观察 distance leaning 远程教育 question ['kwestʃən] *n.* 问题 more independent 更加独立 learning style 学习风格

答案注意事项：

*lack of time: 缺乏时间，注意语音连读现象。

*more independent: 更加独立，此处more是程度限定，答案中不可省去。

*learning styles: 学习风格，试卷上印着a great variety of ______，variety后一定填写的是复数名词，因此答案style一定要加-s。

版本号：30060=06146=08108

话题背景	卷面识读词汇	答案拼写内容
男教师向女教师讨教如何制作课程介绍手册	brochure 小册子 outline 提纲 detail 细节 approach 方法 resource 资源	total ['təutl] *adj.* 总的 range [reindʒ] *n.* 范围 textbook ['tekstbuk] *n.* 课本 media studies 媒体研究 skill focus 以技能为中心 method ['meθəd] *n.* 方式 name [neim] *n.* 姓名 business ['biznis] *n.* 商业 activities [æk'tivətiz] *n.* 活动 objective [əb'dʒektiv] *n.* 目的 essay ['esei] *n.* 小论文

答案注意事项：

*textbook: 课本，是一个单词，注意拼写的准确度。

*media studies: 媒体研究，其单数形式为study，复数形式去掉y改成 i 加es，studies。

*activities: 活动，其单数形式为activity，复数形式去掉y改成 i 加es，activities。

版本号：30062

话题背景	卷面识读词汇	答案拼写内容
一位进修的男学生将来要从事教学工作，与职业指导官探讨自己现在所面临的困惑	unique 独特的 confident 自信的 intelligent 有才智的 adult 成年人 old-fashioned 过时的 stressful 产生压力的 arts 文科 literature 文学	
答案注意事项： *本章节全部为选择题。		

版本号：30064=30081=07106

话题背景	卷面识读词汇	答案拼写内容
两个学生关于自主创业优缺点的课题调查结果讨论	debt 债务 advantage 优势 disadvantage 劣势 freelance 自由职业者 assignment 作业 interfere 妨碍	part-time job 兼职工作 risk [risk] *n.* 冒险 conference [ˈkɔnfərəns] *n.* 会议 manage time 管理控制 success [səkˈses] *n.* 成功，成功者 finance [ˈfainæns] *v.* 为……供给资金
答案注意事项： *part-time job: 兼职工作，part-time是一个单词，中间用连字符连接。		

版本号：30072=07127=07132=07135

话题背景	卷面识读词汇	答案拼写内容
女生因去看病错过了教学安排课，向导师询问分组所要做的课题安排	topic 话题 presentation 课堂陈述 group 小组 interviewee 被采访者	attachment（电子邮件的）附件 data analysis 数据分析 5th November 11月5日 presentation [ˌpreznˈteiʃn] *n.* 陈述 student loan 学生贷款 attitude [ˈætitjuːd] *n.* 态度 natural medicine 天然药物 University Career Office 校园就业指导中心 University Supermarket 学校超市 Finance Office 财务部 University Supermarket 学校超市

*University Career Office（校园就业指导中心），University Supermarket（学校超市），Finance Office（财务部）：以上均是学校的部门，专有名词，首字母大写。
*data analysis: 数据分析，analysis的复数形式是analyses。
*5th November: 11月5日，月份是专有名词，首字母大写。

版本号：30074=08104=08131

话题背景	卷面识读词汇	答案拼写内容
课程选择咨询介绍	tutorial 个别辅导 assessment 考核 Zoology 动物学 Physiology 生理学 Planetology 行星学 Microbiology 微生物学 Genetics 遗传学 in advance 预先	diploma [di'pləumə] *n.* 毕业文凭 Microbiology [ˌmaikrəubai'ɔlədʒi] *n.* 微生物学 four years 4年 tutorials [tjuː'tɔːriəls] *n.* 个人指导课 practical work 实习作业 fieldwork ['fiːldwəːk] *n.* 实地调查，专业实习 laboratory report 试验报告 poster design 海报设计 presentation [ˌprezn'teiʃn] *n.* 陈述汇报 group discussion 小组讨论

答案注意事项：
*Microbiology: 微生物学，是具体要选的课程，专有名词，首字母大写。
*fieldwork: 实地调查，专业实习，是一个单词，注意单词拼写的准确度。
*laboratory/lab report: 试验报告，laboratory，lab拼写均正确。

版本号：30076=30078=06102=07111=08109

话题背景	卷面识读词汇	答案拼写内容
有关昆虫的参考书目介绍	comment 评语 photograph 照片	Flies in Colour 彩色苍蝇（书名） 198 198（张照片） Australian Museum 澳大利亚博物馆 outstanding [ˌaut'stændiŋ] *adj.* 杰出的 Common Spiders 普通蜘蛛（书名） editor ['editə(r)] *n.* 编辑 picture ['piktʃə(r)] *n.* 照片 identification [aiˌdentifi'keiʃn] *n.* 鉴别 organization [ˌɔːgənai'zeiʃn] *n.* 条理性 index ['indeks] *n.* 索引

答案注意事项：

*Flies in Colour: 彩色苍蝇，是书名，专有名词，首字母大写，fly苍蝇，其复数为flies，colour不能加-s。

*Australian Museum: 澳大利亚博物馆，专有名词，首字母大写。

*Common Spiders: 普通蜘蛛，是书名，专有名词，首字母大写。

*editor: 编辑，注意拼写的准确度，结尾是-or，不是-er。

*index: 索引，其复数形式indices或indexes，但此处说的这本书没有索引，填单数形式index即可。

版本号：30079=30080=07101=08121

话题背景	卷面识读词汇	答案拼写内容
学生讨论不同种类的鲸	choppy 波浪起伏的 Minke Whale 小须鲸 Blue Whale 蓝鲸 Sperm Whale 抹香鲸 Northern Right Whale 北露脊鲸 visibility 能见度 appearance 外观 fin 鳍 square 方的 triangle 三角形 circle 圆形 temperature 温度 weather 天气 location 地方；位置	watch time 出海赏鲸的时间 calm [kɑːm] *adj.* 平静的 state of weather 天气状况 100 100（米）能见度 fishing boat 渔船 behaviour [bi'heivjər] *n.* 行为举止 size [saiz] *n.* 尺寸

答案注意事项：

*state of weather：天气状况。注意区别这两个词：weather['weðər] *n.*（天气），whether['weðər] *conj.*（是否），小心拼写的准确度。另外，请注意state of weather语音连读现象。

*behaviour: behavior（表现），两者拼写均正确，前者为英式拼写，后者为美式拼写。

*本章节后3道题画出了4种鲸的图，根据录音描述做配对题。

版本号：30083

话题背景	卷面识读词汇	答案拼写内容
学生讨论卫星定位海底物品	satellite 人造卫星 depth 深度 radar 雷达	cigar [si'gɑː(r)] *n.* 雪茄 13 countries 13个国家 activate ['æktiveit] *v.* 起动 50 kilometres 50公里 temperature ['temprətʃə(r)] *n.* 温度

答案注意事项：

*《剑7》Test 3的S3，不会再考。

*13 countries: 13个国家，国家单数形式为country。

版本号：30085=08113=08119=09127

话题背景	卷面识读词汇	答案拼写内容
学生关于音乐对人们进食影响的调查	uniform（形式或特征）无变化的 disguise 掩饰 competitor 竞争对手 seat capacity 客容量 jazz 爵士 classical music 古典音乐	

答案注意事项：

*本章节前6道为选择题，后4道题为配对题。

版本号：30086=08128=08138=09141

话题背景	卷面识读词汇	答案拼写内容
男生缺课向女生讨教要交的作业	pixel 像素 margin 页边空白 references 参考书目 heading 标题	note system 笔记系统 scientific research 科学研究 journal [ˈdʒəːnl] *n.* 学术期刊 information from Internet 网上信息 double space 双倍行距 typed [taipd] *adj.* 被打印出来的 top right 右上方 italic [iˈtælik] *adj.* 斜体的 3.25（像素） ID/ identificatin number 学号

答案注意事项：

*note system: 笔记系统，注意失去爆破音。

*Information from Internet: 网上信息，Internet首字母要大写。

*top right: 右上方，注意失去爆破音。

*typed: 被打印出来的，此处填写的是type 打印的过去分词。

*ID/ identificatin number: 学号，此处指的是学生的学号，拼写时写ID和identification均可。

版本号：30090=07112=08141

话题背景	卷面识读词汇	答案拼写内容
学生向导师咨询三门考古专业课程	assessment 评分 archeology 考古学 field trip （学生）实地考察旅行	Classical History 古希腊语古罗马文学艺术史 compulsory [kəm'pʌlsəri] *adj.* 必修的 Object Matter 物质（课程名称） classification [ˌklæsifi'keiʃn] *n.* 分类 coursework 课程论文，学年作业 Towns and Cities 城镇和都市（课程名称） origin and development 起源和发展 oral ['ɔ:rəl] *adj.* 口头的 seminar ['seminɑ:(r)] *n.* 专题讨论课 location [ləu'keiʃn] *n.* 位置

答案注意事项：

*Classical History: 古希腊语古罗马文学艺术史。

*Object Matter（物质），Towns and Cities（城镇和都市）：以上均为课程名称，专有名词，首字母大写。

*coursework: 课程论文，学年作业，是一个单词，注意拼写的准确度。

版本号：40101=50124=06142

话题背景	卷面识读词汇	答案拼写内容
女学生与男导师关于学习方法的对话	shortage 缺点 review 复习 tutor 导师 consult 查阅 model 模式	Fishing Industry 捕鱼业 statistics [stə'tistiks] *n.* 统计资料，统计学 note-taking 记笔记 confidence ['kɔnfidəns] *n.* 信心 idea [ai'diə] *n.* 观念 Student Support Service 学生援助服务 place [pleis] *n.* 位置 too general 太宽泛的 three times 3次 25th January 1月25日

答案注意事项：

*Fishing Industry: 捕鱼业，是题目，专有名词，首字母必须大写。

*statistics: 统计资料，统计学，此处必须有-s，statistic是统计数据的意思。

*notetaking: 记笔记，是一个单词，注意拼写的准确度。

*Student Support Service: 学生援助服务，是专有名词，首字母大写。

*too general: 太宽泛的，此处too是程度限定，必须保留。

*three times: 3次，times必须有-s。

版本号：40104

话题背景	卷面识读词汇	答案拼写内容
学生讨论业余体育培训课程	intensive 集中的 stretch 伸展 keep-fit 健身 physical education 体育 aerobics 有氧运动 weight training 力量训练 tense 拉紧的 Pilates 普拉提 yoga 瑜伽	full-time 全职 12 weeks 12周 intensive [in'tensiv] *adj.* 集中的 2 modales 两个模块 research [ri'sə:tʃ] *n.* 研究

答案注意事项：

*本章节前5道为选择题。

版本号：40110=50130=06121=07114

话题背景	卷面识读词汇	答案拼写内容
图书馆布局介绍	satellite TV 卫星电视 enquiry desk 问讯处	pink [piŋk] & yellow ['jeləu] 粉色和黄色 subject ['sʌbdʒikt] *n.* 主题 university [ˌju:ni'və:siti] *n.* 大学 blue folder 蓝色文件夹

答案注意事项：

*此章节前6道题是选项地图题，录音中有提示anti-clockwise direction（逆时针方向走）。

版本号：40112=40203=50101=50126=06139=06144=07141=08144

话题背景	卷面识读词汇	答案拼写内容
男女生讨论学术报告的提纲结构	conclusion 结论 questionnaire 调查问卷 subtitle 副标题 summary report 摘要报告	Summary Report 小结报告 Project Background 课题背景 Survey of Reading 阅读调查 number of students 学生数量 case studies 个案研究 Research Finding 研究结果 Conclusions [kən'klu:ʒns] *n.* 结论 areas fur improvement 需要改进的方面 interview ['intəvju:] *n.* 采访 size of sample 抽样规模

答案注意事项：

*number of students: 学生数量，number为单数形式，students为复数形式。

*Project Background 课题背景、Survey of Reading 阅读调查、Research Finding 研究结果、Conclusions 结论，以上均为学术报告的章节部分，专有名词，首字母大写。

版本号：50109=50127=08146

话题背景	卷面识读词汇	答案拼写内容
男教授与男女学生关于语言学习问题的讨论	independently 独立地 timetable 时间表 e-mail 电子邮件 predict 预测 gesture 手势，姿态 detail 细节 purpose 目的	global listening skills 全部听力技能 stop the tape 停下录音带 dictation [dik'teiʃn] *n.* 听写 skills [skils] *n.* 能力 note-taking 记笔记 eye contact 目光交流 subtitles ['sʌbtaitlz] *n.* 字幕 chat show（电视或广播电台的）访谈节目

答案注意事项：

*note-taking: 笔记，是一个单词，注意拼写的准确度。

*chat show: 访谈节目，美式英语常用talk show。

版本号：50147=06111

话题背景	卷面识读词汇	答案拼写内容
跨国公司调查结果通报	academic conference 学术会议 simulate 模拟 client 客户 external 外国的 communicating base 交流基础	

答案注意事项：

*此章节全部为选择题。

版本号：06108=08130=09118

话题背景	卷面识读词汇	答案拼写内容
女学生向男导师汇报有关伦敦西区论文写作情况	dissertation 学位论文 interview 采访 background 背景 methodology 一套方法 healthcare 卫生保健	card index 卡片索引 ID number 学号 selected 被挑选

答案注意事项：

*本章节前面为选择题，后面为配对题。

版本号：06130=07131=08101

话题背景	卷面识读词汇	答案拼写内容
导师给女生讲解她的论文的不足以及正确准备论文的步骤	evidence 证据 relevant 相应的 standpoint 观点	purpose [ˈpəːpəs] *n.* 目的 know [nəu] *v.* 了解 expects [ikˈspekts] *v.* 期待 necessary [ˈnesəsəri] *adj.* 必要的 one sentence 一句话 outline [ˈautlain] *n.* 提纲 draft [drɑːft] *n.* 草稿

答案注意事项：

*outline: 提纲，是一个单词，注意拼写的准确度。

版本号：06134=07116=07119=08145=09111

话题背景	卷面识读词汇	答案拼写内容
一女生要求换课以及学习中碰到的问题和对策	record 录音 feedback 反馈	Economic History 经济史 last September 去年9月 Politics [ˈpɔlətiks] *n.* 政治 Philosophy [fiˈlɔsəfi] *n.* 哲学 lecture [ˈlektʃə(r)] *n.* 讲座 too difficult 太难了 discussion group 讨论组 not enough tutorial 没有足够的个人指导 Student Service 学生服务中心 February 17th 2月17日 Senior Advisor 高级顾问

答案注意事项：

*Economic History: 经济史，为课程名称，专有名词，首字母大写。

*Politics: 政治，为课程名称，专有名词，首字母大写，且politics后必须有-s。

*Philosophy: 哲学，为课程名称，专有名词，首字母大写。

*Student Service: 学生服务中心，专有名词，首字母大写。

*Senior Advisor: 高级顾问，专有名词，首字母大写，且advisor结尾是-or不是-er。

*too difficult: 太难了，其中的too不能省去。

*last September: 去年9月，月份专有名词，首字母大写。

*February 17th: 2月17日，月份专有名词，首字母大写。

版本号：06136=06316=08129

话题背景	卷面识读词汇	答案拼写内容
法律系学生办手续填写表格	cautious 谨慎的 classify 分类 generate 产生 summarize 总结 causes and effects 原因及结果	email address 电子信箱地址 top level 顶层 Room 301 301室 Modern Languages 现代语言（建筑物名称） multimedia resources 多媒体资源 Law Department 法律系 25th October 10月25日

答案注意事项：

*25th October: 10月25日，月份首字母大写。

*Modern Languages: 现代语言，此处作为建筑物名称，专有名词，首字母大写。

*Law Department: 法律系，专有名词，首字母大写。

*Room 301: 301室，是专有名词，注意拼写的准确度。

版本号：06141=08127

话题背景	卷面识读词汇	答案拼写内容
日本来访者研讨及其旅游参观安排	bowling 保龄球 undergraduate 本科在读生	Microchip ['maikrəutʃip] *n.* 微型集成电路片（课题名称） Peter Smith（人名） laboratory/lab 实验室 seminar room 小会议室 secretary ['sekrətri] *n.* 秘书 teaching staff 教职员工 postgraduates [ˌpəust'grædʒuəts] *n.* 研究生 third-year undergraduate 大三学生 golf [gɔlf] *n.* 高尔夫 Riverside Restaurant 河岸饭店 research [ri'sə:tʃ] *n.* 研究

答案注意事项：

*Microchip: 微型集成电路片，是课题名称，专有名词，首字母大写。

*Peter Smith: 彼得史密斯，人名，专有名词，首字母大写。

*Laboratory: lab（实验室），两者拼写均可。

*Riverside Restaurant: 河岸饭店，专有名词，首字母大写。

*teaching staff: 教职员工，staff是集合词，不能加-s。

*third year: 第3年，注意连读。

版本号：07102=07104=09123

话题背景	卷面识读词汇	答案拼写内容
师生商量因伤落课的补课事宜	laptop 笔记本电脑 economic 经济的	research [ri'sə:tʃ] n. 研究 textbooks ['tekstbuks] n. 课本 photocopies ['fəutəukɔpiz] n. 影印 interviews ['intəvju:z] n. 采访 test [test] n. 测验 extra time 额外时间 Communication System 通讯系统（课程名称） two essays 两篇论文 case study 个案研究 outline ['əutlain] n. 提纲

答案注意事项：

*Communication System: 是课程名称，专有名词，首字母须大写。

*case study: 个案研究，注意连读

*Room 301: 301室，是专有名词，注意拼写的准确度。

版本号：07109=09108

话题背景	卷面识读词汇	答案拼写内容
两个学生和导师讨论在公司实习的事情	placement 安置 value 价值	Department Head 系主任，部门领导 materials ['əutlain] n. 材料，资料 interview questions 面试问题 ID/identity card 身份卡 dress code 衣着规则 statistics [stə'tistiks] n. 数据 20 mintues 20分钟 analysis [ə'næləsis] n. 分析 evaluation [i,vlju'eiʃn] n. 评价 research [ri'sə:tʃ] n. 研究

答案注意事项：

*Department Head: 系主任，部门领导，专有名词，首字母大写。

版本号：07134=08115=08126=09109

话题背景	卷面识读词汇	答案拼写内容
在墨西哥沙漠调研实习的介绍	application form 申请表 scholarship 奖学金 loan 贷款 evaporate 蒸发 rainfall 降雨 desert 沙漠 grassland 草原 marine 海的 forest 森林 undergraduate 尚未获学士学位的大学生	Life Sciences 生命科学 laptop 笔记本电脑 journal ['dʒə:nl] *n.* 日记 ship [ʃip] *n.* 船 12,000 years old 12000年 Baked Earth 炽热的地球（书名）

答案注意事项：

*Life Sciences: 生命科学，在此处填写的是专业学科，专有名词首字母大写，且通常用复数形式sciences。

*laptop: 笔记本电脑，是一个单词。

*Baked Earth: 炽热的地球，是专有名词，首字母大写且注意连读。

版本号：07138=08110

话题背景	卷面识读词汇	答案拼写内容
男女学生和导师讨论论文写作	essay 论文 range 范围 vague 不清楚的 analysis 分析 data 数据 statistics 数据统计 separate 分开	subtopics ['sʌbˌtɔpiks] *n.* 副标题 reports [ri'pɔ:ts] *n.* 报告 examples [ig'zɑ:mplz] *n.* 实例 ideas [ai'diəs] *n.* 观点 reading ['ri:diŋ] *n.* 阅读，读物

答案注意事项：

*本章节前5道题为选择题。

版本号：07148=09117

话题背景	卷面识读词汇	答案拼写内容
男学生从化学专业换到工程学专业	advantage 优势 disadvantage 劣势 extra workload 额外工作量 Engineering 工程学 Chemistry 化学 prospect 前景	results [ri'zʌlts] *n.* 成绩 boring ['bɔ:riŋ] *adj.* 令人厌烦的 Japanese [ˌdʒæpə'ni:z] *n.* 日语 extra workload 额外的工作量 opportunity [ˌɔpə'tju:nəti] *n.* 机会 higher fees 更高的费用

答案注意事项：

*Japanese: 日语，专有名词，首字母大写。

*extra workload: 额外的工作量，workload是一个单词，注意拼写的准去度。

版本号：08103

话题背景	卷面识读词汇	答案拼写内容
女生向导师请教做有关一个建筑物历史的课题	history 历史 museum 博物馆 castle 城堡	village ['vilidʒ] *n.* 村庄 choose [tʃu:z] *n.* 选择 ground plan 平面图 problems ['prɔbləms] *n.* 问题 maps [mæps] *n.* 地图 fireplaces ['faiərpleisis] *n.* 壁炉 wood [wud] *n.* 木头 age [eidʒ] *n.* 年代 occupancy [ɔ'kʌltpænci] *n.* 使用，居住 unanswered [ju:'næswe:vd] *adj.* 未答复的

答案注意事项：

*ground plan: 平面图，注意失去爆破音。

*fireplaces: 壁炉，fireplace是一个单词，注意拼写的准确度。

*unanswered: 未答复的，注意拼写的准确度，后面一定要有-ed。

版本号：08107=09110

话题背景	卷面识读词汇	答案拼写内容
三个同学讨论两所大学的课程	semester 学期 compulsory 强制性的 assess 评估 coursework 课程论文，学年作业	ecosystem ['i:kəusistəm] *n.* 生态系统 equipment [i'kwipment] *n.* 设备 map [mæp] *n.* 地图 living expenses 生活花费 Survey Methods 调查方法 insects ['insekts] *n.* 昆虫

答案注意事项：

*Survey Methods: 调查方法，是书名，专有名词，首字母大写。

版本号：08111=09106

话题背景	卷面识读词汇	答案拼写内容
讨论会计和日语课程安排及学习问题	Accounting 会计（专业） Japanese 日语	lectures ['lektʃərs] *n.* 讲课 vocabulary [və'kæbjuləri] *n.* 词汇（量） grammar ['græmər] *n.* 语法 writing ['raitiŋ] *n.* 写作

答案注意事项：

*本章节前面全部为多选题。

版本号：08112

话题背景	卷面识读词汇	答案拼写内容
男女生和教授讨论对比南非生态旅游和传统旅游	packege tour 全包游 ecotour 生态游 informant 报告者 quotation 引用	undeveloped [ˌʌndiˈveləpt] *adj.* 未开发的 Big Five （南非）五大（野生动物） local community 当地的社区团体 conservation [ˌkɔnsəˈveiʃn] *n.* 保护 training [ˈtreiniŋ] *n.* 训练 housing [ˈhausiŋ] *n.* 住房 range of choice 选择的范围

答案注意事项：

*undeveloped: 未开发的，注意单词拼写的准确度，后面结尾-ed。

*Big Five: 此处特指南非著名的五大野生动物，它们是lion（狮子），leopard（豹），elephant（大象），buffalo（野牛），rhino（犀牛）。

*local community: 当地的社区团体，因为是程度限定，答案必须有local。

*conservation: 保护，注意区别conservation和conversation（交谈），答案拼写的准确度。

版本号：08114

话题背景	卷面识读词汇	答案拼写内容
师生三人讨论SUV车的调查	remote area 偏远地区 reliable 可靠的 limited 有限的 raise 增加 capasity 容积	cities [ˈsiti] *n.* 城市 safe [seif] *n.* 保险箱，保险柜 engine [ˈendʒin] *n.* 发动机 increased [inˈkri:sd] *adj.* 增加的，增强的 higer seat 更高的座位 harmful [ˈhɑ:mfl] *adj.* 有害的；可致损伤的 roll over (使)翻滚 weight [weit] *n.* 重量 farmers [ˈfɑ:məs] *n.* 农场主，农民 insurance [inˈʃɔ:rəns] *n.* 保险

答案注意事项：

*cities: 城市，其单数形式为city。

*increased: 增加的，增强的，注意拼写的准确度，结尾有-ed。

版本号：08116=09147

话题背景	卷面识读词汇	答案拼写内容
师生关于过去一年的进步和未来一年的计划的讨论	feedback 反馈 managemen 管理 lengthen 延长 weakness 弱点 IT 信息技术	reference ['refərəns] *n.* 查阅参考书目 time [taim] *n.* 时间 reading ['ri:diŋ] *n.* 阅读 presentation [ˌprezn'teiʃn] *n.* 报告 essay ['esei] *n.* 小论文 tutor ['tju:tə] *n.* 导师 deadline ['dedlain] *n.* 最后期限 organised ['ɔ:gənizəd] *adj.* 有组织的，有条理的 honest ['ɔnist] *adj.* 坦诚的 training ['treiniŋ] *n.* 训练，受训

答案注意事项：

*organised：有组织的，有条理的，=organized，两者拼写均正确，前者为英式拼写，后者为美式拼写。

版本号：08118=08135

话题背景	卷面识读词汇	答案拼写内容
两位老师讨论教学计划	class size 班级规模 larger room 稍大些的屋子 system of library 图书馆系统 lecture 讲座 assignment （课外）作业 examination 考试	well organized 组织得很好地 mid-term test 期中测验 group discussion marks 小组讨论成绩 presentation [ˌprezen'teiʃən] *n.* 介绍，陈述 3,000 words 3000字 participation [pɑ:ˌtisi'peiʃən] *n.* 参与（课堂讨论）

答案注意事项：

*mid-term: ['midtə:m] *adj.* 期中的，是一个单词，注意拼写的准确度。

*well organised: 组织得很好地，organized拼写均正确，前者为英式拼写，后者为美式拼写。

版本号：08122=09105

话题背景	卷面识读词汇	答案拼写内容
两个学生与导师的有关网络调查讨论	Internet 互联网 concern 涉及 sell product 卖产品 business 买卖，交易	save time 节省时间 family user 家庭用户 areas concerned 所涉及的领域 women ['wimin] *n.* 女人（复数） exchange social information 交换社会信息 provide support 提供支持 advice [əd'vais] *n.* 建议，消息 networkers [net'wə:kər] *n.* 网络工作者 plan holidays 计划假期 youngsters ['jʌŋstəz] *n.* 年轻人

答案注意事项：

*woman: ['wumən] *n.* 女人，其复数形式为 women ['wimin]，注意拼写准确度及读音。

*advice: 建议，消息，是不可数名词，不能加-s。

*networkers: [net'wə:kərs] *n.* 网络工作者，是一个单词，注意拼写的准确度。

版本号：08125=08143=09103

话题背景	卷面识读词汇	答案拼写内容
导师与学生讨论教学研究方法——观察法	observation 观察（法） technology 工艺	Professional Learning 专业学习（书名） in-class simulation 角色扮演模式 presenting results 显示结果 behaviour [bi'heivjər] *n.* 举止，表现 diaries ['daiəriz] *n.* 日记 video recording 录像 interview ['intəvju:] *v.* 采访 Internet ['intənet] *n.* 国际互联网 assessment [ə'sesment] *n.* 评定

答案注意事项：

*Professional Learning: 专业学习（书名），是书名，专有名称，首字母大写。

*in-class simulation: 角色扮演模式，in-class 中间有连字符。

*diary: ['daiəri] *n.* 日记，复数形式为diaries，注意拼写的准确度，是diary['daiəri] *n.*（日记），不是dairy ['daiəri] *n.*（奶制品）。

*behaviour: behavior（举止，表现）两者拼写均正确，前者是英式拼写，后者为美式拼写。

*Internet: ['intənet] 因特网，专有名称，首字母大写。

版本号：08134=09144

话题背景	卷面识读词汇	答案拼写内容
学生讨论关于澳洲蜜蜂和亚洲蜜蜂对比的课题	Queensland 昆士兰州（澳大利亚州名） export 出口 deline 下降 wasp 黄蜂 ant 蚂蚁 superfamily 总科 lineage 血统 species 种类 pollinate 对……授粉 Antarctica 南极洲 habitat 生活环境	insects ['insekts] *n.* 昆虫 feeding ['fi:diŋ] *n.* 给食，喂 water ['wɔ:tər] *n.* 水 laboratory/lab [lə'bɔrətri] *n.* 实验室 wings [wiŋs] *n.* 翅膀 reliable [ri'laiəbl] *adj.* 可靠的

答案注意事项：

*本章节前4道题为选择题。

*laboratory: lab（实验室），两者拼写均正确。

版本号：08136=09134

话题背景	卷面识读词汇	答案拼写内容
两个同学填写课程、教学设施评估表	library 图书馆 share 分享 facility 设备 health center 健康中心 sports center 运动中心	helpdesk services 网络电脑咨询服务台服务 part-time work 业余工作

答案注意事项：

*本章节前面6道题及后面2道题为配对题。

*part-time work: 业余工作，注意part-time是一个单词，注意拼写的准确度。

*helpdesk services: 网络电脑咨询服务台服务，helpdesk或help desk均可，但前者更常见。

版本号：08137=09112

话题背景	卷面识读词汇	答案拼写内容
学生向老师汇报男女生对比研究结果	female 女性 male 男性 advantage 优势 disadvantage 劣势	number ['nʌmbə] *n.* 数字 teaching ['ti:tʃiŋ] *n.* 教学 interest ['intrist] *n.* 兴趣，爱好 talent ['tælənt] *n.* 天资，天赋 observation [ˌəbzə:'veiʃən] *n.* 观察 whole [həul] *n.* 齐全，整体，全部 reading ['ri:diŋ] *n.* 阅读

答案注意事项：

*此章节前面为选择题，后面为配对题。

版本号：08140=09137

话题背景	卷面识读词汇	答案拼写内容
男生和女生关于发动机设计的课题讨论	lecture 讲座 slide 幻灯片 presentation 介绍，陈述 group discussion 小组讨论 carbon dioxide 二氧化碳	environmental [inˌvaiərən'mentl] *adj.* 环境的 petrol ['petrəl] *n.* 汽油 supply [sə'plai] *n.* 供给 batteries ['bætəriz] *n.* 电池 too expensive 太贵了 store [stɔ:] *v.* 存储 engine ['endʒin] *n.* 发动机

答案注意事项：

*environmental: 环境的，注意拼写的准确度，中间字母nm均不可缺少。

*petrol: [英]汽油（=[美] gasoline）。

*batteries: 电池，其单数形式为battery。

*too expensive: 太贵了，too是程度限定，不可省去。

版本号：08148

话题背景	卷面识读词汇	答案拼写内容
一女生和一男生讨论关于公司机构的论文	postgraduate 研究生 lecturer 讲座者 expert 专家 reliable 可靠的	tutor ['tju:tər] *n.* 导师 history research 历史研究 conference report 会议报告
答案注意事项： *本章节前3道题为选择题，后4道题为配对题。		

版本号：09102

话题背景	卷面识读词汇	答案拼写内容
关于一女生去酒店打工然后要做汇报陈述和同学的对话	strict 严格的 routine 惯例 patience 耐性，忍耐力	
答案注意事项： *本章节前6道为配对题，后4道为选择题。		

版本号：09113

话题背景	卷面识读词汇	答案拼写内容
一女生介绍她们制作的三种迷你火箭模型	mini rocket 微型火箭 feather 羽毛 pure 纯净的	Internet ['intənet] *n.* 国际互联网 nest [nest] *n.*（鸟）窝，巢 stuck [stʌk] *v.* 不能动，卡住（stick的过去式及过去分词） steam [sti:m] *n.* 蒸汽 tutors ['tju:təz] *n.* 导师，（大专院校的）助教 metal ['metl] *n.* 金属 oxygen ['ɔksidʒən] *n.*〈化〉氧，氧气 glass [glɑ:s] *n.* 玻璃 television programme 电视节目 wool [wul] *n.* 羊毛 source [sɔ:s] *n.* 来源
答案注意事项： *Internet: 国际互联网，专有名词，首字母大写。 *tutors: 导师，注意单词拼写的准确度，结尾为or而不是er。		

版本号：09114

话题背景	卷面识读词汇	答案拼写内容
两本被选教材的对比	text 文档 music 音乐 choose 选择	wider [ˌwaidə] *adj.* 更宽的，更广阔的（wide的比较级） graphs [grɑ:fs] *n.* 图表 magazines [ˌmægə'zi:nz] *n.* 杂志，期刊 celebrities [si'lebritiz] *n.*（尤指娱乐界的）名人 academic [ˌækə'demik] *adj.* 学术性的 Approach [ə'prəutʃ] *n.* 方式，方法 description [di'skripʃn] *n.* 描述，说明 title ['taitl] *n.* 题目，标题 explanation [ˌeksplə'neiʃn] *n.* 解释，说明 general discussion 全面的讨论

答案注意事项：

*wider: 更宽的，注意此处必须填写比较级形式。

*celebrities: (尤指娱乐界的)名人，其单数形式是celebrity。

*Approach: 方式，方法，此处是研究方法，专有名词，首字母大写。

版本号：09119=09148

话题背景	卷面识读词汇	答案拼写内容
讨论新生入学注意事项及建议	register 登记 individual 个人的	Medicial Center 医疗中心 Student Union 学生会 clubs [klʌbs] *n.* 社团 electronic directory 电子簿 text structure 文本结构 references ['refərənsis] *n.* 参考书目 feedback ['fi:dbæk] *n.* 反馈 self-access lab 可自行选用的实验室 outline ['autlain] *n.* 提纲 PowerPoint/PPT 微软公司生产的制作幻灯片和简报的软件

答案注意事项：

*Medicial Center（医疗中心），Student Union（学生会）：此处特指学校的医疗中心、学生会，专有名词，首字母大写。

版本号：09120

话题背景	卷面识读词汇	答案拼写内容
经济系女生因抵触统计学课程与导师探讨解决方案	optional 可选择的	Economics [ˌi:kəˈnɔmiks] *n.* 经济学 Statistics [stəˈtistiks] *n.* 统计学 compulsory [kəmˈpʌlsəri] *adj.* 强制性的 challenge [ˈtʃælindʒ] *n.* 挑战 secretary [ˈsekrətri] *n.* 秘书 academic record 成绩单 administration [ədˌminisˈtreiʃn] *n.* 管理 Class Representative 课代表 Computer Centre 计算机中心 Thursday [ˈθə:zdi] *n.* 星期四

答案注意事项：

*Economics（经济学），Statistics（统计学）：两者此处都是学科名称，专有名词，首字母大写。

*Class Representative: 课代表，特定人物，专有名词，首字母大写。

*Computer Centre: 计算机中心，专有名词，首字母大写。

*Thursday: 星期四，专有名词，首字母大写。

版本号：09121

话题背景	卷面识读词汇	答案拼写内容
女生做的一咖啡公司的调查报告分数不高，与老师探讨原因	supplier 供应商 layout 布局 presentation 陈述 financial aids 金融援助 market expansion 市场扩张	

答案注意事项：

*此章节为选择题。

版本号：09124

话题背景	卷面识读词汇	答案拼写内容
男女生讨论分工做课题汇报	data analysis 分析 delay 延误	weather [ˈweðər] *n.* 天气 Environmental Agency 环境部

答案注意事项：

*本章节后8道题为配对题。

*weather: 天气。注意区别这两个词：weather[ˈweðər] *n.* 天气，whether [ˈweðər] *conj.* 是否，小心拼写的准确度。且注意state of weather语音连读现象。

*Environmental Agency: 环境部，是特指信息专有名词，首字母大写。

版本号：09125

话题背景	卷面识读词汇	答案拼写内容
两个老师谈一本关于电脑对教学的影响的书	computer technology 电脑技术 online 联机的	

答案注意事项：

*本章节前6道题为选择题，后4道题为配对题。

版本号：09126

话题背景	卷面识读词汇	答案拼写内容
男女生进行有关儿童健康饮料的市场调研，讨论每周完成方案	aim 针对 simiar 研讨课	children ['tʃildrən] *n.* 孩子 diet ['daiət] *n.* 日常饮食 trade [treid] *n.* 贸易 performance [pə'fɔːməns] *n.* 表现 section ['sekʃn] *n.* 部分 description [di'skripʃn] *n.* 描述 booklet ['buklit] *n.* 小册子 checklist 选购图书单、清单 managers ['mænidʒərz] *n.* 经理 media ['miːdiə] *n.* 媒体

答案注意事项：

*trait: 人的个性，注意和单词trade(贸易)区分。

*checklist: 选购图书单、清单，是一个单词，注意拼写的准确度。

版本号：09132

话题背景	卷面识读词汇	答案拼写内容
导师和两个学生讨论论文写作	proposal 提案，提议 review 检查 feedback 反馈 deadline 最后期限 tutor 导师	interview ['intəvjuː] *n.* 采访 format ['fɔːmæt] *n.* 安排，格式 change the project 换课题 note [nəut] *n.* 笔记，短简 2 copies 2份 11th May 5月11日 procedure [prə'siːdʒə] *n.* 步骤，手续

答案注意事项：

*11th May: 5月11日，月份专有名词，首字母大写。

版本号：09133

话题背景	卷面识读词汇	答案拼写内容
学校设施的评价改造	equipment 设备 library 图书馆 facilities 设施	CDs 光盘 timetable [taim'teibl] n. 时间表 workerbooks ['wə:kə(r) buks] n. 工作手册 install an alarm 安装一个警报器 email/e-mail 电子邮件
答案注意事项： *本章节前5道题为选择题。 *timetable: 时间表，是一个单词，注意拼写的准确度。 *workerbooks: 工作手册，是一个单词，注意单词拼写准确度。		

版本号：09135

话题背景	卷面识读词汇	答案拼写内容
研究课题的优缺点对比	advantages 优势 disadvantages 劣势	habits ['hæbit] n. 习惯 chart [tʃɑ:t] n. 航海图 time [taim] n. 时间 diet ['daiət] n. 日常食物 space [speis] n. 空白，空隙 students ['stju:dnts] n. 学生 closed [kləuzd] adj. 封闭的 causes ['kɔ:ziz] n. 原因 test ['test] n. 考试 clear [kliə(r)] n. 清澈的，透明的
答案注意事项： *本章节全部为填空题，答案要求一个单词。		

版本号：09136

话题背景	卷面识读词汇	答案拼写内容
新生入学	semester 学期 voicemail 语音信箱 self-assessment 自评 assignment 作业 disk 磁盘	4 (years' course) 四（年的课程） placement ['pleismənt] n. 安置 seminar ['seminɑ:] n. 研讨课 second （semester） 第二（学期） lectures ['lektʃəz] n.（通常指大学里的）讲座，讲课 handbook ['hændbuk] n. 手册
答案注意事项： *本章节后4道为选择题。 *placement: 安置，placement test指的是入学水平测试。 *handbook: 手册，是一个单词，注意拼写的准确度。		

版本号：09138

话题背景	卷面识读词汇	答案拼写内容
风力发电的利用	grind the flour 磨面 turbine 涡轮机 fibreglass 玻璃纤维	water ['wɔ:tə(r)] *n.* 水 research [ri'sə:tʃ] *n.* 研究，探讨 noisy ['nɔizi] *n.* 噪声 birds [bə:dz] *n.* 鸟 half [hɑ:f] *n.* 半，一半 slow [sləu] *adj.* 慢的 plane [plein] *n.* 几何平面 government ['gʌvənmənt] *n.* 统治，控制 Europe [,juərə'piən] *n.* 欧洲 timber ['timbə(r)] *n.* 木材，木料

答案注意事项：

*Europe: 欧洲，专有名词，首字母大写。
*timber: 木材，注意拼写的准确度，不要写成tinber。
*本章节全部为填空题，答案要求一个单词。

版本号：09139

话题背景	卷面识读词汇	答案拼写内容
男女分工课题研究	interview 采访 library 图书馆 leisure activities 休闲活动 medicine 医药 prison 监狱	

答案注意事项：

*本章节前4道为配对题，中间2道为选择题，最后4道为选项填地图题。

版本号：09140

话题背景	卷面识读词汇	答案拼写内容
男女生做商业课题研究	method 方法 field 领域，范围 facilities 工具，设施	Retail ['ri:teil] *n.* 零售，零卖 population [,pɔpju'leiʃn] *n.* 人口 consumer [kən'sju:mə(r)] *n.* 消费者，顾客用户 interview skills 面谈技巧 statistics [stə'tistiks] *n.* 数据，统计数字 overseas [,əuvə'si:z] *adj.* 海外的，国外的 publication [,pʌbli'keiʃn] *n.* 出版，刊行 college ['kɔlidʒ] *n.* 学院 tape recorder 磁带录音机 internet connection [kə'nekʃn] *n.* 连接

答案注意事项：
*Retail: 零售，此处是题目名称，专有名词，首字母大写。
*本章节第22、23题是研究原因：一是因为人口数量增加， 二是消费者的attitudes，试卷上"态度"一词是复数， consumer attitudes是固定搭配，所以不用写成consumers' attitudes。
*overseas: 海外的，注意是overseas不是oversea。

版本号：09142

话题背景	卷面识读词汇	答案拼写内容
化妆品研究讨论	inspired 有创作力的 verbalisation 以言语表现 questionnaire 问卷 interview 面试，面谈	low price 低价格 size [saiz] *n.* 尺寸 fashion ['fæʃn] *n.* 样子，方式；时尚 smell [smel] *n.* 嗅觉

答案注意事项：
*本章节前2道为选择题，后4道为配对题。

版本号：09143

话题背景	卷面识读词汇	答案拼写内容
男女生讨论如何选课	feedback 反馈信息	photocopy ['fəutəukɔpi] *n.* 影印本 handout ['hænd,aut] *n.*（发给学生的）课堂讲义

答案注意事项：
*此章节中间3道为选择题，后5道为配对题
*photocopy: 影印本，是一个单词，注意单词拼写的准确度。
*handout:（发给学生的）课堂讲义，是一个单词，注意单词拼写的准确度。

版本号：09145

话题背景	卷面识读词汇	答案拼写内容
介绍一个学习中心	seating capacity 座位容量	reception staff 接待人员 part-time ['pɑːt,taim] *adj.* 兼任的，兼职的 academic [,ækə'demik] *adj.* 学术性的 presentations [,prezn'teiʃnz] *n.* 课堂陈述 summer school（大学开办的）暑期班 study skills 学习方法

答案注意事项：
*本章节前4道为选择题。
*part-time: 兼职的，是一个单词，注意单词拼写的准确度。

版本号：09146

话题背景	卷面识读词汇	答案拼写内容
教授和学生讨论其缺课的内容	preserve 保护，维护 show off 炫耀 reflect 反映	memories ['meməriz] n. 记忆 status ['steitəs] n. 地位；身份；职位 tastes [teists] n. 味道 identity [ai'dentəti] n. 本身；身份
答案注意事项： *本章节后6道为选择题。 *memories：记忆，注意其单数形式为memory，复数形式须把y去掉，改成i加es。		

请关注卢峭梅老师预测网站：

http://blog.sina.com.cn/luqiaomei

预测记录

SECTION 4

雅思听力的难度是分级别的，从Section 1到Section 4，难度逐级上升。而难度不同，考试任务也就不同。Section 1是保分，Section 2 & 3 是争分，Section 4则是挑战。

Section 4——课堂学习背景（Lecture & Presentation Context）

这一部分场景是以人文科学和自然科学等学术讲座来展开的，出现的话题范围较为广泛，如：环境科学（Environment），健康科学(Health)，天文学(Astronomy)，考古学(Archaeology)，历史学(History)，生物学(Biology)，教育(Education)，文化(Culture)，商科(Business)等各个方面的内容。试题难度上，不但关键词同义替换出现更加频繁，而且答案前置、答案密集陷阱也时有出现，更加大了听力理解难度。但考生可以放心的一点是，不管话题是否熟悉，考题运用到的大部分还是一些比较常用的词汇，并且话题也不会非常深入或者非常专业化，因此考生在听题获取答案信息时，一定注意要把听题重点放在解决听力问题本身，而不要被学术背景这个大框架所干扰注意力。考生针对这一部分的准备可以集中在以下几点：场景及相应单词的熟悉，通过对连接词的把握来把握文章的节奏，熟悉题型以及技巧。

27=50301=06103=06125
30=50110=50147=06134
35=40102=50106=06141=07138
37=40215=07139=08113=09127
40=40113=40211=50124=50137=08148
66=30044=30049=30080=06140=07137
68=30038=30039
70=40104=40216=50126
20023=40103=40116=40201=40205=50127=06121
30015=40114=40208
30019=30020
30034=50103=50105=06126=07145
30037=06146=07101
30041=07125
30043=50113=07141
30059=08116=08122
30061=06101=07116
30072=06109=07102
30076=07122=08126
30079=08138
30083=30086
40101=06139=09129
40112=50118=50130=07118=08115
50116=50121=06319=08136
50233=06120=06142
06113=09113
07106=08119=09131
07143=08145=09147
08101=08129
08109=09107
08114=09135
08125=09118
08131=09117
08144=09143
09121=09145

29=50114
33=07119
36=40121
39=40203
41=06108=06124=07107
67=30064=40110=50109=50130=06138=08127
69=40108
71=40106=40206=50102=07126
30014=07134
30018=40109=40214=06106=07114=07148=09124=09146
30033=06144
30036=50108
30040=50133=07121=07142
30042=50101=06110=09111
30045=30058
30060=06114=06136=06316=07135
30062=08123=08139
30074=07127=08128=09102
30078=07104=08142=09110
30081=08107=08118
30090=08112=08124
40105=40202=50131
40123=40213=06119=07132=09125
50134=50139=06130
06102=08117=08147
06148=07109=08146
07112=08106
07147=08103
08102=09144
08110=09139
08120=08141
08130=09126
08132=09120
09105=09119
09130=09142

版本号：21

话题背景	卷面识读词汇	答案拼写内容
关于企业犯罪	corporation 公司，企业 indifferent 冷漠的 tragedy 悲剧 complex 复杂	mass media 大众传媒 academic circle 学术圈 specialized knowledge 专门知识 unaware [ʌnəˈwɛə] *adj.* 不知道的 individual [ˌindiˈvidʒuəl] *adj.* 个别的 customers [ˈkʌstəmə(r)z] 个别的客户 illegal profit 非法利润

答案注意事项：

*《剑4》Test 2的S4，不会再考。

版本号：22

话题背景	卷面识读词汇	答案拼写内容
天文学讲座	Astronomy 天文学 telescope 望远镜 galaxy 星系	

答案注意事项：

*这一部分全部是选择题和配对题。

版本号：23

话题背景	卷面识读词汇	答案拼写内容
树对环境的影响	frequency 频率 filter 过滤	city [ˈsiti] *n.* 城市 windy [ˈwindi] *adj.* 多风的 humid [ˈhjuːmid] *adj.* 潮湿的 shady [ˈʃeidi] *adj.* 多荫的 dangerous [ˈdeindʒərəs] *adj.* 危险的 leaf [liːf] *n.* 树叶 ground [graund] *n.* 地面 considerably reduce 减少相当多地 low [ləu] *adj.* 低的 space [speis] *n.* 空间

答案注意事项：

*leaf: 树叶，注意其复数形式为leaves。

*considerably reduce: 减少相当多地，considerably 相当多地，是程度限定，必须保留。

*《剑4》Test 1的S4，不会再考。

版本号：24

话题背景	卷面识读词汇	答案拼写内容
牛津大学和剑桥大学的比较	private school 私立学校 public school 公立学校 Cambridge University 剑桥大学 Oxford University 牛津大学	12th century 12世纪 royal commission 皇家的委任 loss of monopoly [mə'nɔpəli] 失去垄断 scientists ['saiəntists] *n.* 科学家 establishment of country 国家的建立 tutorial system 导师制 an hour 一个小时 2 （人数） booklist ['buklist] *n.* 书单 faculty ['fæklti] *n.* （大学的）系、科

答案注意事项：

*booklist: 书单，是一个单词，注意拼写的准确度。

*an hour: 一个小时，注意连读。

*loss of monopoly: 失去垄断，注意lose和loss的区别。

版本号：25

话题背景	卷面识读词汇	答案拼写内容
关于英国土地3年轮作制度的历史变革及发展轨迹讲座	crop rotation 轮作 western Europe 西欧 fallow 犁过而未播种的 grain 谷类 crop 庄稼 barley 大麦 vegetable 蔬菜	every year 每年 9th century 9世纪 destroy [di'strɔi] *v.* 毁坏 administrator [əd'ministreitə(r)] *n.* 管理人 Three-field Method 3年轮作制度 real power 实际购买能力 2000 （土地面积） today [tə'dei] *n.* 今天 commuter [kə'mju:tə] *n.* 通勤者

答案注意事项：

*Three-field Method: 3年轮作制度，专有名词，注意拼写准确度（大小写、连字符）。

*administrator: 管理人，单词拼写结尾-or，注意拼写准确度。

*commuter: 通勤者，单词拼写结尾-er，注意拼写准确度。

版本号：26

话题背景	卷面识读词汇	答案拼写内容
大学新建建筑物选址的优缺点	union 协会 respondent 被调查者 collate 比较 committee 委员会 faculty 系 outskirts 郊区 minority 少数 resource 资源 accommodate 容纳 closed-circuit TV 闭路电视	questionnaire [ˌkwestʃəˈnɛə(r)] *n.* 调查问卷 approximately/ about 2,000 大约2000 Education [ˌedʒuˈkeiʃn] *n.* 教育 hall of residence/living quarters 学生公寓 traffic [ˈtræfik] *n.* 交通 parking [ˈpɑːkiŋ] *n.* 停车 lecture room 礼堂 hall [hɔːl] *n.* 礼堂 facilities [fəˈsilətiz] *n.* 设施

答案注意事项：

*Education: 教育，卷面上已给出Faculty of，此处Faculty of Education 指的是"教育系"，专有名词，首字母大写。

*facilities: 是"设备，设施"的意思时，通常用复数形式。

*《剑4》Test 3的S4，不会再考。

版本号：27=50301=06103=06125

话题背景	卷面识读词汇	答案拼写内容
大学新生入学系列讲座之学习计划安排	housekeeping 家务管理 consult 请教 booklist 书单 systematically 系统地 extensive 广泛的 attendance 出勤 practical 实用的 term 学期 leisure 休闲 relaxation 娱乐	

答案注意事项：

*此章节全部为选择题。

版本号：29=50114

话题背景	卷面识读词汇	答案拼写内容
Aztec族的考古成果	tribute 贡品 archaeology 考古学 existence 存在 exchange 交换 craft goods 手工艺品 import 进口 export 出口 pottery 陶器	crops [krɔps] *n.* 农作物 1300-1500 1300～1500年 corn [kɔːn] *n.* 谷物 wetlands ['wetlændz] *n.* 沼泽地 outside the capital 首都以外 storehouses and temples 仓库和神殿 common residence 普通住宅 precious stone 宝石

答案注意事项：

*wetlands: 沼泽地，必须加-s。

*storehouses and temples: 仓库和神殿,storehouse 仓库，是一个单词。

*1300-1500（年）：此处不能写1300 to 1500，因为卷面字数要求为NO MORE THAN THREE WORDS AND/OR A NUMBER，如果写成1300 to 1500就是两个数字了，答案不能得分。

版本号：30=50110=50147=06134

话题背景	卷面识读词汇	答案拼写内容
心理治疗师介绍新的治疗方法	qualification 资格 therapist 临床医学家 psychological 心理（学）的 patient 病人 assessment 评估 psychiatric 精神病治疗的 population 人口 recreation therapy 娱乐疗法	planned [plænd] *adj.* 计划了的，根据计划的 rank 13 第13位 35，000 35000（人） 26%（上升率） community [kə'mjuːniti] *n.* 社区 recreation [ˌrekri'eiʃn] *n.* 娱乐 Diploma in Nursing 护理文凭 Master's Degree 硕士学位

答案注意事项：

*planned: 根据计划的，双写n，注意拼写的准确度。

*Diploma in Nursing: 护理文凭，专有名词，首字母大写（专有信息中小于5个字母的介词、连词不用大写，in 属于这类情况）。

*Master's Degree: 硕士学位，专有名词，首字母大写。

版本号：31

话题背景	卷面识读词汇	答案拼写内容
有关健康生活的人们脉搏跳动频率的讲座	pulse 脉搏 maximum 最大量的 smoke 抽烟	220 beats 220下（脉搏跳动频率） 85% 百分之八十五 age [eidʒ] *n.* 年龄 10 minutes 10分钟 under stress 有压力 not enough sleep 没有足够睡眠 unhealthy diet 不健康的饮食
答案注意事项： *本章节前3道题为饼状图选择。		

版本号：32

话题背景	卷面识读词汇	答案拼写内容
人口迁徙与语言发展	preposition 前置词 postposition 后置词 Europe 欧洲 South East Asia 东南亚 America 美洲 migration 移民 initial 最初的	50,000 50000（年前） gender ['dʒendə(r)] *n.* 性别 tones [təunz] *n.* 语调 Spanish ['spæniʃ] *n.* 西班牙语 Japanese [ˌdʒæpə'ni:z] *n.* 日语
答案注意事项： *Spanish（西班牙语），Japanese（日语）：以上均为某种语言，属于专有名词，首字母大写。 *本章节后面几道题在卷面上画出了世界地图，要求标出各个大洲语言迁徙的特点。		

版本号：33=07119

话题背景	卷面识读词汇	答案拼写内容
一个原始部落的考古研究	ruins 废墟 corpse 尸体 mill 磨 grill 烤架 grain 谷物 bacteria 细菌 decayed teeth 龋齿	10,000 10000（年） 1972-1973 1972～1973（年） temple walls 寺庙的围墙 children & adults 儿童和成年人 teeth [ti:θ] *n.* 牙齿 fingers ['fiŋgə(r)s] *n.* 手指 bones [bəuns] *n.* 骨头 the big toe [təu] 大脚趾 homes [həums] *n.* 家 small stones 小石头 the ground [graund] 地面 sugar ['ʃugə(r)] *n.* 糖

答案注意事项：

*tooth: 牙齿，注意复数形式应为teeth。

版本号：34

话题背景	卷面识读词汇	答案拼写内容
一个教授讲述猎鹰的情况	disagreement 意见不同 controversy 辩论 falcons 猎鹰 hatch 孵化 blood sample 血样 thoroughly 彻底地 binoculars 双筒望远镜 pesticide 杀虫剂 maximum 最大量 migratory 迁徙的	Australia [ɔs'treiljə] *n.* 澳大利亚 speed [spi:d] *n.* 速度 searching for food 觅食 start to fly 开始飞 fully grown 完全长成了 nests [nests] *n.* 巢 die [dai] *n.* 死亡 attach rings（给鸟爪上）系（验明身份的铝）环 note sex 确定性别 general health 整体健康状况

答案注意事项：

*本节是英国大使馆样题，不会再考。

版本号：35=40102=50106=06141=07138

话题背景	卷面识读词汇	答案拼写内容
关于孩子智力成长及其影响因素的调查结果汇报	approach 方式，方法 intensive 强烈的 threaten 威胁 element 要素 cooperate 合作 survey 调查	6（人数） parental teaching 父母的教育 average readers 普通读者 interview parents 采访家长 150 children 150个儿童 50-55（每组人数） investigation [in,vesti'geiʃn] *n.* 调查 0.8（周数） 1.5（周数）

答案注意事项：

*parental teaching: 父母的教育，parental [pə'rentl] *adj.*（父母亲的，做双亲的），注意读音。

*0.8: 考试录音中“零”念的是nought。

版本号：36=40121

话题背景	卷面识读词汇	答案拼写内容
澳洲鲨鱼生活习性介绍	skeleton 骨骼 cartilage 软骨 texture（皮肤）肌理 barb 倒钩 fin 鳍 meshing 拦鲨网 current 潮流	795 795（千克） tail [teil] n. 尾巴 bottom ['bɔtəm] n. 底部 sense of smell 嗅觉

答案注意事项：

*《剑4》Test 4的S4，不会再考。

版本号：37=40215=07139=08113=09127

话题背景	卷面识读词汇	答案拼写内容
介绍澳大利亚的5个环境问题	historical background 历史背景 European settlement 欧洲殖民地 terrestrial 陆地 hard-hoofed 硬蹄动物 atmospheric 大气的 alternative 改变 consumption 消费 sewage 污水灌溉 expansion 扩充 distribution 分配 flow 流动	loss of soil 土壤流失 sheep [ʃi:p] & cattle ['kætl] 羊和牛 warming（气候）变暖 carbon dioxide 二氧化碳 wind [wind] 风 water power 水力 irrigation [,iri'geiʃn] n. 灌溉 coastal cities 沿海城市 isolation [,aisə'leiʃn] n. 隔离 rainfall ['rein,fɔ:l] n. 降雨量 city expansion 城市扩张

答案注意事项：

*sheep: 羊，是集合词，不能加-s。

*cattle: 牛，是集合词，不能加-s。

*rainfall: 降雨量，是一个单词。

版本号：38

话题背景	卷面识读词汇	答案拼写内容
一个女教师介绍改进后的教学方法	original 最初的 identify 证明 recommend 推荐 resistance 阻力 effective 有效的	research assistant 研究助理 parents ['pɛərənts] n. 父母

答案注意事项：

*本章节前5道题为选择题，后面为表格分类联系题。

*parents: 父母亲，必须有-s，注意单词拼写的准确度。

版本号：39=40203

话题背景	卷面识读词汇	答案拼写内容
新西兰剪羊毛工人工资的合理性	shearing 剪羊毛 professional 专业人员 unattractive 不引人注意的 regular 有规律的 certificate 证书 drop-out rate 淘汰率	3 weeks 3（周） develop disease 逐步产生疾病 1,000（元，钱数） 400（人数） 25%（淘汰率） 1 hour 1小时 2 minutes 2分钟
答案注意事项： *本章节前4道题为选择题。		

版本号：40=40113=40211=50124=50137=08148

话题背景	卷面识读词汇	答案拼写内容
男女寿命差别及男人健康讲座	commonplace 平凡的 ignorance 无知 seriously 严重地 therapy 治疗 baldness 秃顶 diet 饮食	unhealthy [ʌn'helθi] lifestyle ['laif,stail] 不健康的生活方式 sensible exercise 合理的运动 antibiotics [,æntibai'ɔtiks] *n.* 抗生素 DHT 一种药名 37 pence 37便士 0208666711（电话号码）
答案注意事项： *本章节前5道题为选择题。 *unhealthy lifestyle: 不健康的生活方式，lifestyle生活方式，是一个单词，注意单词拼写的准确度。 *antibiotics: 是“抗生素”的意思时，注意拼写的准确度，答案一定要有-s。 *DHT: 一种药名，3个字母均大写。 *37 pence: 37便士，pence为“便士”的复数形式，其单数形式为penny。		

版本号：41=06108=06124=07107

话题背景	卷面识读词汇	答案拼写内容
如何填写申请保健调查表格的讲座	subcommittee 小组委员会 sufficient 充足的 recruit 征募新成员 deadline 截止日期 investigator 调查员	tutor ['tju:tə(r)] 导师 subcommittee ['sʌbkə'miti] *n.* 小组委员会 approval [ə'pru:vl] *n.* 赞同 advertisement [əd'və:tismənt] *n.* 广告 14th November 11月14日 qualification [,kwɔlifi'keiʃn] *n.* 资格 sufficient details 充足的详细资料 award [ə'wɔ:d] *n.* 奖金 Safety Officer 安全官 expected duration 预计持续的时间 detail ['di:teil] *n.* 细节 finance ['fainæns] *n.* 财政，金融

答案注意事项：
*Safety Officer: 安全官，专有名词，首字母大写。
*expected duration: 预计持续的时间，注意拼写的准确度，是expected而不是expect，答案一定要有-ed。
*investigator: 调查员，结尾是-or，不是-er，注意拼写的准确度。

版本号：66=30044=30049=30080=06140=07137

话题背景	卷面识读词汇	答案拼写内容
如何选择建筑材料的讲座	undergo 经历 approximately 大约 timber 木料 preservative 保存的 texture 质地 formula 公式 verbal description 语言的描述 subjective 主观的 ambiguous 不明确的 quarry tile 大铺地砖 reflectance rate 折光率 vary 使多样化	plastic ['plæstik] n. 塑料 processing [prəu'sesiŋ] n. 处理 seasoned ['si:zənd] v. 风化 polished ['pɔliʃt] v. 抛光 cost [kɔst] n. 成本 grain pattern 天然的纹理 words [wə:dz] n. 言语 0.8（物质的遮光率） 0.1（物质的遮光率） black velvet 黑天鹅绒

答案注意事项：
*processing: 处理。考试时此处是个填空undergo_______，注意undergo后要跟doing，因此此空应填processing，不能填写process。
*vary: 使多样化，注意vary['vɛəri]与very['veri]在拼写与读音方面的区别。
*grain pattern: 天然的纹理，注意grain[grein]（纹理）与green[gri:n]（绿色）的区别。
*0.8: 读作nought point eight。
*0.1: 读作nought point one。

版本号：67=30064=40110=50109=50130=06138=08127

话题背景	卷面识读词汇	答案拼写内容
女士介绍学校课程及设施的情况	research method 研究方法 facility 设备 economics 经济学 Student Union 学生会 Media Centre 媒体中心 Medical Service 医疗服务 Nursery 托儿所	module technology 模块（课程设计）技术 finding a job 找工作 the old library 旧图书馆 department building 院系所在的教学楼 copy ['kɔpi] n. 复印 laser printing 激光打印

答案注意事项：
*本章节后4道题为地图选项填空。

版本号：68=30038=30039

话题背景	卷面识读词汇	答案拼写内容
麻风病的流传与预防讲座	parcel 打包，包裹 profit 利润 leprosy 麻风病	market research 市场调查 advertising ['ædvətaiziŋ] n. 广告 changing behaviour 改变行为

答案注意事项：

*本章节前后7道题均为选择题。

版本号：69=40108

话题背景	卷面识读词汇	答案拼写内容
关于去非洲纳米比亚的实习课程介绍	field work 实习调查工作 track 足迹 painting 绘画 camp 宿营 disturb 打扰	April ['eiprəl] n. 4月 children ['tʃildrən] n. 孩子 repeated [ri'pi:tid] v. 反复 human ['hju:mən] n. 人类 magic ['mædʒik] adj. 不可思议的 distance ['distəns] n. 距离 culture ['kʌltʃə(r)] n. 文化，文明 making fire 生火 touching ['tʌtʃiŋ] v. 触摸 intact [in'tækt] adj. 完整的，无损的

答案注意事项：

*《剑7》Test 1的S4，不会再考。

版本号：70=40104=40216=50126

话题背景	卷面识读词汇	答案拼写内容
关于夜班工人的健康问题讲座	divorce 离婚 disorder 混乱 night shift 夜班	huge increase 巨大的提高 internal clock 生物钟 dark and light 黑暗和光明 unsocial hours 非正常工作时间（如夜班） stomach and heart 胃和心脏 depression [di'preʃn] n. 抑郁，沮丧 mental ability 精神才智 performance [pə'fɔ:məns] n. 表现 social matter 社会问题 family relationship 家庭关系 pal group relationship 朋友伙伴关系

答案注意事项：

*unsocial hours: 非正常工作时间（如夜班），是固定搭配，答案hour必须加-s。

版本号：71=40106=40206=50102=07126

话题背景	卷面识读词汇	答案拼写内容
关于未来城市能源紧缺问题的讲座	predict 预测 rainfall 降雨 recycle 再循环 domestic 国内的 shortage 缺乏	problems and needs 问题和需求 more costly 更加昂贵的 innovation [ˌinəˈveiʃn] *n.* 改革，创新 solar power 太阳能 30%（用电量的减少） factories [ˈfæktəriz] *n.* 工厂 Communication Technology 通讯技术 distribution [ˌdistriˈbjuːʃn] *n.* 分布 2021（年份） 24%（人口增长）

答案注意事项：

*more costly: 更加昂贵的，此处答案必须有more，为程度限定。

*factories: 工厂，此处为复数形式，其单数形式为factory。

版本号：20023=40103=40116=40201=40205=50127=06121

话题背景	卷面识读词汇	答案拼写内容
关于昆虫的好处、坏处及害虫防治的讲座	butterfly 蝴蝶 bee 蜜蜂 wax 蜡 candle 蜡烛 honey 蜂蜜 breed 繁殖 biology 生物	fruit trees 果树 polish [ˈpɔliʃ] *n.* 上光剂 eat harmful insects 吃有害的虫子 sleeping sickness 昏睡病 the whole building 整个建筑物 small scale 小规模 harmful to human 对人类有害的 resistant [riˈzistənt] *adj.* 有抵抗力的 cheaper [tʃiːpə] *adj.* 更加便宜的 life cycle 生命周期

答案注意事项：

*the whole building: 整个建筑物，whole全部的，注意whole修饰名词时，前面必须有定冠词the，如the whole family, the whole building等。

*resistant: 有抵抗力的，注意拼写的准确度，是resistant而不是resistent。

*cheaper: 更便宜的，注意答案是比较级，填cheap是错误的。

*life cycle: 生命周期，注意拼写的准确度，是cycle而不是circle。

版本号：30014=07134

话题背景	卷面识读词汇	答案拼写内容
学校引进新的教学方法报告	activity 活动 equipment 设备 specialised 专门的 approach 方法，步骤 facilitate 使便利 case study 个案研究 process 过程 go through 经历 presentation 陈述 establish 建立	rules [ruːlz] *n.* 规则 monitor ['mɔnitə] *n.* 监控器；班长 action plan 行动计划 energy ['enədʒi] *n.* 精力 Internet ['intənet] 因特网 presentation [ˌprezn'teiʃn] *n.* 报告 submit questions 提出问题
答案注意事项： *Internet: 因特网，专有名词，首字母必须大写。		

版本号：30015=40114=40208

话题背景	卷面识读词汇	答案拼写内容
关于伦敦的地下情况	deteriorate for ages 时间久了而恶化 tube railway 地铁轨道 resource 资源 sewer 下水道 cable 电缆 contamination 污染 dust 灰尘 transportation 运输 traffic 交通	North London 伦敦北部 rubbish ['rʌbiʃ] *n.* 垃圾 stations ['steiʃnz] *n.* 车站 2 million passengers 200万乘客 cut-and-cover 明挖法（建造浅隧道的一种方法）
答案注意事项： *本章节前5道题是选词填表格。 *North London: 伦敦北部，专有名词，首字母大写。 *cut-and-cover: 明挖法，建造浅隧道的一种方法，先挖一个深沟，再封顶遮盖，注意是一个单词，注意拼写的准确度。		

版本号：30018=40109=40214=06106=07114=07148=09124=09146

话题背景	卷面识读词汇	答案拼写内容
关于澳大利亚水资源问题的讲座	creek 小溪 drinking 饮用 be prone to 有……倾向的 contaminator 污染物	safe and reliable 安全可靠 washing & waste disposal 洗及废物处理 scarce [skɛəs] *adj.* 缺乏的，罕见的 pure and safe 纯净安全 air pollution 空气污染 lakes & dams 湖和坝 be contaminated 被污染的 drinking ['driŋkiŋ] *n.* 饮用

答案注意事项:

*scarce: 缺乏的，罕见的。注意scarce[skεəs]和scared[skεəd] *adj.*（惊慌的；吓坏的）在单词拼写和意思上的区别。

版本号：30019=30020

话题背景	卷面识读词汇	答案拼写内容
罗斯福总统的政绩	Franklin D. Roosevelt 弗兰克林·罗斯福 Poliomyelitis 小儿麻痹 New Deal 新政（指美国罗斯福在20世纪30年代实施的内政纲领名称） Social Security system 社会保障体系 neutrality 中立 legislation 立法 Monroe Doctrine 门罗主义 economic crisis 经济危机	American history 美国历史 recovery [ri'kʌvəri] *n.* 复苏 economy [i'kɔnəmi] *n.* 经济 reform [ri'fɔːm] *v.* 改革 public utilities 公共设施 relief [ri'liːf] *n.*（债务等的）免除 the unemployed 失业者

答案注意事项:

*American history: 美国历史，American 美国的，专有名词，首字母大写。

*public utilities: 公共设施，必须把utility变成复数形式utilities。

版本号：30032

话题背景	卷面识读词汇	答案拼写内容
关于英国家庭废物回收利用问题的讲座	recycle 再循环 carbon dioxide 二氧化碳 emission 散发 landfill 垃圾填埋 stationery 文具	12.5%（降低）12.5% incineration plant 焚化工厂 drop-off 丢弃 cooking ['kukiŋ] *n.* 烹饪 500,000 ton 500000吨 roads [rəudz] *n.* 道路 soil conditioner 土壤湿度调节器 container [kən'teinə(r)] *n.* 容器 pencil ['pensl] *n.* 铅笔 business card 名片

答案注意事项:

*drop-off: 丢弃，是一个单词，注意拼写的准确度。

*《剑5》Test 3的S4，不会再考。

版本号：30033=06144

话题背景	卷面识读词汇	答案拼写内容
印度妇女创业	financial 财政的 flexible 灵活的 shareholder 股东 kilogram 千克 workload 工作量 literacy training 读写能力培训 loan 贷款 bank 银行 dry 变干	vote right 选举权 30,000 （雇员人数） money lender 放款人 social worker 社会工作者 cleaning materials 清洁原料 donation [dəu'neiʃn] *n.* 捐款 street children 流浪儿童 the unemployed 失业者
答案注意事项： *cleaning materials: 清洁原料，material是“原料”的意思时，通常用复数形式-s。		

版本号：30034=50103=50105=06126=07145

话题背景	卷面识读词汇	答案拼写内容
澳洲一土著公园管理的介绍	Kakadu National Park 卡卡杜国家公园 overgrown 疯长的 species 物种 removal 迁移	300 （管理者人数） fire ['faiə(r)] *n.* 火 education [ˌedʒu'keiʃn] *n.* 教育 weeds [wi:dz] *n.* 杂草 biological [ˌbaiə'lɔdʒikl] *adj.* 生物学的 crocodiles ['krɔkədailz] *n.* 鳄鱼 public awareness 公共意识 touring ['tuəriŋ] *n.* 旅行 exhibition [ˌeksi'biʃən] *n.* 展览 permit [pə'mit] *n.* 许可
答案注意事项： *exhibition: 展览，拼写时不要丢掉中间的h，注意拼写的准确度。		

版本号：30036=50108

话题背景	卷面识读词汇	答案拼写内容
公司的营销策略和经营项目	fund 资金 effective 有效的	3.6 million 360万（市场产品数量） farming product 农业产品 support service 扶持服务 financial market 金融市场 clothing sector 服装业 Western Europe 西欧 South Africa 南非 USA 美国 Southeast Asia 东南亚 on-line shopping 网络购物 cooperative loan 集资

答案注意事项：

*USA（美国），Southeast Asia（东南亚），Western Europe（西欧），South Africa（南非）：专有名词，首字母大写，且注意是Western而不是West。

*on-line shopping: 网络购物，注意online/on-line拼写均可，是一个单词。

*cooperative loan: 集资，注意区分cooperate[kəu'ɔpəreit] *v.*（合作）与corporate['kɔ:pərit] *adj.*（共同的）在意思与读音上的区别，corporate loan公司贷款。

版本号：30037=06146=07101

话题背景	卷面识读词汇	答案拼写内容
第一艘蒸汽船的诞生过程	steamship 蒸汽船 bridge [bridʒ] *n.* 桥梁 crew 船组成员 drown 溺死 pump 泵，抽水机 rival 竞争对手 record 纪录 wood 木材 steel 钢铁 Bristol 布里斯托尔，英国西部的港口	roads and bridges 街道和桥梁 railway line 铁路线 impossible [im'pɔsəbl] *adj.* 不可能的 engine ['endʒin] *n.* 引擎 most experienced 最有经验的 reinforce [ˌri:in'fɔ:s] *v.* 加固

答案注意事项：

*most experienced: 最有经验的，此处为程度限定，most不可去掉。

版本号：30040=50133=07121=07142

话题背景	卷面识读词汇	答案拼写内容
海洋生物生态循环介绍	marine 海的 geographical 地理的 endangered 濒危的 extinction 消失 conservation 保存 explosion 激增 flourish 繁荣 otter 水獭 urchin 海胆 kelp 大型海藻	village ['vilidʒ] *n.* 村庄 Alaska 阿拉斯加州（美国州名） fur trade 毛皮贸易 fell [fel] *v.* 下降，fall的过去式 rose [rəuz] *v.* 上升，rise的过去式 flourishment ['flʌriʃmənt] *n.* 繁荣 killer whale 虎鲸 decline again 再次下降

答案注意事项：

*Alaska: 阿拉斯加州，美国州名，专有名词，首字母大写。

版本号：30041=07125

话题背景	卷面识读词汇	答案拼写内容
蜂的发展介绍	wasp 黄蜂 bee 蜜蜂 carnassial 食肉的 prey 捕食	70 million-76 million 7000万～7600万（年前） mammals ['mæmlz] n. 哺乳动物 herbivorous [hə:'bivərəs] adj. 食草的 jaw [dʒɔ:] n. 腭 tongue [tʌŋ] n. 舌头 stings [stiŋz] n.（蜜蜂等的）毒刺 self-defence [,selfdi'fens] n. 自卫 flower taste 鲜花的味道 convenient [kən'vi:niənt] adj. 方便的 scent [sent] n. 气味 colour ['kʌlə(r)] n. 颜色
答案注意事项： *self-defence: 自卫，是一个单词， defence/defense拼写均正确，前者是英式拼写，后者是美式拼写。 *colour: 颜色，colour/color拼写均正确，前者是英式拼写，后者是美式拼写。		

版本号：30042=50101=06110=09111

话题背景	卷面识读词汇	答案拼写内容
女生关于澳洲一座旧矿山的课题汇报	bungalow 平房 photograph 照片 geology value 地质学价值 mine 矿山	
答案注意事项： *本章节全部为选择题。		

版本号：30043=50113=07141

话题背景	卷面识读词汇	答案拼写内容
有关动物、昆虫等在城市、农村生存环境对比的调研报告	trend 趋势 survey 调查 species 物种 survive 生存 rural area 乡下	frogs [frɔgz] n. 青蛙 urban areas 市区 eat [i:t] v. 吃 count [kaunt] v. 数 seeds [si:dz] n. 种子
答案注意事项： *本章节前5道题为选择题。		

版本号：30045=30058

话题背景	卷面识读词汇	答案拼写内容
声波捕鱼	carbon dioxide 二氧化碳 sonar 声波定位仪 sensor 传感器 sound wave 声波 echo 回音 transmit 传输 radio frequency 无线电频率	

答案注意事项：

*本章节全部为选择题。

版本号：30059=08116=08122

话题背景	卷面识读词汇	答案拼写内容
埃及亚历山大图书馆介绍	valuable 有价值的 Egypt 埃及 Athens 雅典 city council 市议会 mayor 市长 fund 资金	

答案注意事项：

*本章节前4道题为选择题，后6道题为配对题。

版本号：30060=06114=06136=06316=07135

话题背景	卷面识读词汇	答案拼写内容
非洲鳄鱼的生活习性	crocodile 鳄鱼 wetland 沼泽地 vegetation 草木 desert 沙漠 attack 攻击	depth [depθ] n. 深度 eight months 8个月 fear [fiə(r)] n. 畏惧 migration patterns 迁徙方式 hurt [hə:t] v. 伤

答案注意事项：

*depth: 深度，注意单词读音失去爆破，不要拼写时漏掉p，且注意是一个字母e。

*migration patterns: 迁徙方式，注意pattern的拼写，中间有两个t。

版本号：30061=06101=07116

话题背景	卷面识读词汇	答案拼写内容
女博士介绍海洋生物研究所工作的情况	extensive 广泛的 muscle 肌肉 immune system 免疫系统 straightforward 简单的 respect 尊敬 movement 活动 body structure 身体结构	spider ['spaidə(r)] n. 蜘蛛 space [speis] n. 空间 electricity [i,lek'trisəti] n. 电 decoration [,dekə'reiʃn] n. 装饰 skin [skin] n. 皮肤
答案注意事项： *本章节前5道题为选择题。		

版本号：30062=08123=08139

话题背景	卷面识读词汇	答案拼写内容
报纸印刷流程	appeal to 有吸引力 negative 底片 delivery 递送	plate [pleit] n. 印版 image ['imidʒ] n. 图像 rubber blanket 橡胶垫 cut and folded 被切割和折叠 paper jam 卡纸 air pump 抽气机 11 months 11个月 by railway track 通过火车铁轨 distribution [,distri'bju:ʃn] n. 分发
答案注意事项： *本章节为流程图题型。 *cut and folded: 被切割和折叠，此处填写的是被动式。		

版本号：30072=06109=07102

话题背景	卷面识读词汇	答案拼写内容
琥珀形成过程讲座	amber 琥珀 resin 树脂 fungi 真菌 mineral 矿物 plague 传染病 trap 使（某物）留在某处 jewellery 珠宝 necklace 项链	insects ['insekts] n. 昆虫 volcanic dust 火山灰 heat [hi:t] n. 热度 intermediate [,intə'mi:djət] adj. 中间的 1,000（每）1000（个） sea [si:] n. 海洋 sunlight ['sʌnlait] n. 日光 honey ['hʌni] n. 蜂蜜 silver ['silvə(r)] n. 银器 building material 建筑材料

答案注意事项:
*sunlight: 日光，是一个单词，注意拼写的准确度。
*building materials: 建筑原料，material是原料的意思时，通常加-s。

版本号：30074=07127=08128=09102

话题背景	卷面识读词汇	答案拼写内容
关于脂肪及其替代品的讲座	flavour 味道 digest 消化 seaweed 海苔 marine plant 海生植物 ocean creature 海洋生物 circulation 循环 cholesterol 胆固醇 blood pressure 血压 blood flow 血流量 disease 疾病 heart rate 心率 increase 增长 decrease 下降	
答案注意事项: *此章节全部为选择题。		

版本号：30076=07122=08126

话题背景	卷面识读词汇	答案拼写内容
有关松树的调查研究	habitant 居民 settlement 殖民地 torch 火把 flexibility 弹性 pine 松树	native ['neitiv] *adj.* 本地的 chewing gum 口香糖 medicine ['medsn] *n.* 药 bathroom ['bɑ:θru:m] *n.* 浴室 south [sauθ] *n.* 南部 water pipe 水管
答案注意事项: *本章节前4道题为选择题。 *bathroom: 浴室，是一个单词，注意拼写的准确度。		

版本号：30078=07104=08142=09110

话题背景	卷面识读词汇	答案拼写内容
电动汽车的发展及对环境影响的介绍	enthusiasm 热情 interfere with 干涉 latest technology 最新的技术 passenger 乘客 weight 重量 electric vehicle 电动车辆	bus [bʌs] n. 公共汽车 university [ˌju:ni'və:səti] n. 大学 300 metres 300米 local media 当地媒体

答案注意事项：

*本章节前6道题为选择题。

版本号：30079=08138

话题背景	卷面识读词汇	答案拼写内容
自行车发展史的介绍	gear 齿轮	less effort 少费力的 1860s 19世纪60年代 smoother ['smu:ðə] adj. 更加平稳的 rubber ['rʌbə(r)] n. 橡胶 safer ['seifə] adj. 更加安全的 uncomfortable [ʌn'kʌmfətəbl] adj. 不舒适的 chain [tʃein] n. 链条 downhill [ˌdaun'hil] n. 下坡 speed [spi:d] n. 速度 back wheel 后轮

答案注意事项：

*smoother: 更加平稳的，注意要填写比较级，必须有-er。

*downhill: 下坡，是一个单词，注意拼写的准确度。

*1860s: 19世纪60年代，1860后必须有-s，注意区分1860和1860s。

版本号：30081=08107=08118

话题背景	卷面识读词汇	答案拼写内容
网瘾的原因及影响	Internet addiction 网瘾 degree 学位 watchful 留心的 concentration 专心	joke [dʒəuk] n. 玩笑 social skills 社会技能 shame [ʃeim] n. 羞耻 special offers 特殊的给予 credit card 信用卡 online games 联机游戏 parents ['pɛərənts] n. 家长 scores [skɔ:(r)] n. 分数 productivity [ˌprɔdʌk'tivəti] n. 生产力 entertainment [entə'teinmənt] n. 娱乐

答案注意事项：

*online games: 联机游戏，online/on-line拼写均正确，是一个单词。

*entertainment: 娱乐，注意拼写的准确度，中间有n和m两个字母。

版本号：30083=30086

话题背景	卷面识读词汇	答案拼写内容
有关调味品味精的介绍	monosodium glutamate 谷氨酸钠 large scale 大规模的	water ['wɔ:tə(r)] n. 水 meat [mi:t] n. 肉类 cheese [tʃi:z] n. 奶酪 fifth taste 第5种味觉 common ['kɔmən] n. 普通的 bitterness ['bitənis] n. 苦味 minerals ['minərəlz] n. 矿物质

答案注意事项：

*《剑7》Test 4的S4，不会再考。

*bitterness: 苦味，注意拼写，中间有两个t。

*cheese: 奶酪，注意拼写的准确度，最后结尾的字母是se。

版本号：30085

话题背景	卷面识读词汇	答案拼写内容
伦敦东区的发展史介绍	agricultural 农业的 marsh 沼泽地 drain 流干 inhabitant 居民 sanitation 卫生	feed [fi:d] v. 靠……为生 metal ['metl] n. 金属 leather ['leðə(r)] n. 皮革 restrictions [ri'strikʃnz] n. 限制 ships [ʃips] n. 船 England ['iŋglənd] n. 英格兰 built [bilt] v. 建造（被动） poverty ['pɔvəti] n. 贫困

答案注意事项：

*《剑6》Test 1的S4，不会再考。

版本号：30090=08112=08124

话题背景	卷面识读词汇	答案拼写内容
新西兰儿童健康情况研究报告	random 随意 overweight 超重 physical activity 体力活动 Pacific 太平洋 social worker 社会工作者	Health Department 健康部门 food intake 食物摄取 eating pattern 饮食方式 Vitamin A 维生素A fish [fiʃ] n. 鱼 school [sku:l] n. 学校

答案注意事项：

*Health Department: 健康部门，专有名词，首字母大写。

*Vitamin A: 维生素A，专有名词，首字母大写。

版本号：40101=06139=09129

话题背景	卷面识读词汇	答案拼写内容
有关动物的研究报告	unconvincingly无法令人信服地 surprising令人惊讶的 ape猿 rat老鼠 human being人类 robot机器人	landmarks ['lændˌmɑːks] *n.* 地标 people ['piːpl] *n.* 人 good eyesight良好的视力 machine [məˈʃiːn] *n.* 机器 they do well它们做得好

答案注意事项：

*landmarks: 地标，是一个单词，注意单词拼写的准确度，且单词读音失去爆破。

*eyesight: 视力，是一个单词，注意单词拼写的准确度。

*machine: 机器，注意单词拼写的准确度，后面结尾字母不要漏掉e。

版本号：40105=40202=50131

话题背景	卷面识读词汇	答案拼写内容
关于男女不同理财观念的讲座	pension养老金 stock股票 share股份	politics ['pɔlətiks] *n.* 政治 learn [ləːn] *n.* 学习 children's education孩子的教育 a car一辆汽车 nursing care护理 crisis ['kraisis] *n.* 危机 early twenties20出头 confidence ['kɔnfidəns] *n.* 自信 money-management投资 low-risk investment低风险投资

答案注意事项：

*《剑5》Test 1的S4，不会再考。

版本号：40112=50118=07118=08115

话题背景	卷面识读词汇	答案拼写内容
海外学生英语学习方面的研究报告	Welfare Officer福利官员 presentation陈述 range of subject题目范围 public skills公共技能	John Wright（人名） personal ['pə:sənl] adj.个人的 speed [spi:d] n.速度 natural subjects自然的话题 structure ['strʌktʃə(r)] n.结构 integrate ['intigreit] v.结合 individual [,indi'vidʒuəl] n.个人 visual aids视觉教具 groups [gru:ps] n.组 General English Practice 普通英语实践（课程名称）

答案注意事项：

*Wright: 姓氏，首字母大写。

*visual aids: 视觉教具，注意拼写的准确度，aid必须加-s。

*General English Practice: 普通英语实践，是课程名称，专有名词，首字母大写。

版本号：40123=40213=06119=07132=09125

话题背景	卷面识读词汇	答案拼写内容
不同公司企业文化管理风格特点	role culture角色文化 personal culture个人文化 advantage优势 disadvantage劣势 characteristic特征 hierarchical company层级制公司 entrepreneurial company企业家体制公司 effectively有效地 formal meeting正式会议	organisation [,ɔ:gənizeiʃən] n.组织 central ['sentrəl] adj.中央的 big company大公司 responsibility [ri,spɔnsə'biləti] n.责任 flexible ['fleksəbl] adj.灵活的 technical ['teknikəl] adj.技术的 take risks冒险 level ['levl] n.级别 conversation [,kɔnvə'seiʃn] n.对话 decision [di'siʒn] n.决定

答案注意事项：

*take a risk: 冒险，注意连读，不要漏掉a。

*organisation: 组织，organisation/organization两者拼写均正确，前者为英式拼写，后者为美式拼写。

版本号：50112

话题背景	卷面识读词汇	答案拼写内容
关于墨尔本申奥	USSR 苏联 USA美国 gold medal金牌 south hemisphere南半球	6（国家数量） Lord Mayor市长大人 15 different countries15个不同国家

答案注意事项:

*本章节后面7道题全部为选择题。

*Lord Mayor: 市长大人，专有名词，首字母大写。

版本号：50116=50121=06319=08136

话题背景	卷面识读词汇	答案拼写内容
古代时间测量方法	candle 蜡烛 primitive 远古的 flow 流动	sun's positions 太阳的位置 animal's behaviour 动物的行为 religions [rilidʒənz] *n.* 宗教 government ['gʌvənmənt] *n.* 政府 North Africa 北非 varies ['vɛəriz] *v.* 改变（第3人称单数） temperature ['temprətʃər] *n.* 温度 sandglass ['sændglɑ:s] *n.* 沙漏 size [saiz] *n.* 尺寸 disappear [ˌdisə'piər] *v.* 消失

答案注意事项:

*sandglass: 沙漏，是一个单词，注意单词拼写的准确度，且注意单词读音失去爆破。

*North Africa: 北非, 专有名词，首字母大写。

*varies改变，是第3人称单数形式，其原形为vary，注意varies['vɛəriz]和various['vɛəriəs] *adj.*（各种各样的）在读音和拼写上的区别。

版本号：50134=50139=06130

话题背景	卷面识读词汇	答案拼写内容
木星及其附属4个卫星的介绍	Venus 金星 Mars 火星 telescope 望远镜 spacecraft 太空船 volume 体积 astronomy 天文学 Galileo/Galilei 伽利略 geocentric theory 地球中心论 Io 木卫一 Europa 木卫二 Ganymede 木卫三 Callisto 木卫四	volcanoes [vɔl'keinəuz] *n.* 火山 ice [ais] *n.* 冰 water ['wɔ:tər] *n.* 水 600 kilometres 600公里 creature ['kri:tʃə(r)] *n.* 生物

答案注意事项:

*本章节前面5道题为选择题。

*volcano: 火山，注意volcano的复数形式，要加-es。

版本号：50233=06120=06142

话题背景	卷面识读词汇	答案拼写内容
有关化石种类形成过程及采集方法的讲座	fossl 化石 type 种类 rapidly 迅速地 shop 商店 type of rock 岩石类型	procedure [prə'siːdʒər] *n.* 过程 trace [treis] *n.* 踪迹 buried ['berid] *v.* 被埋葬 mineral soil 矿质土 exhibitions [ˌeksi'biʃnz] *n.* 展览 expensive [ik'spensiv] *adj.* 昂贵的 recorder [ri'kɔːdə(r)] *n.* 录音机 taking photos 拍照 tape-measure 卷尺 soft sediment ['sedimənt] 松软沉淀物 delicate ['delikət] *adj.* 精致的

答案注意事项：

*buried: 被埋葬，其原形为bury，此处填写的是被动语态形式。

*taking photos: 拍照，photos（照片）的复数形式直接加-s。

版本号：06102=08117=08147

话题背景	卷面识读词汇	答案拼写内容
英法合建海底隧道	Channel Tunnel 海底隧道 popularity 普及 issue 问题 committee 委员会 financial problem 资金问题 bridge 桥 link 链接 scheme 规划	running tunnels 连续直行的隧道 cross passages 交叉通道

答案注意事项：

*本章节前8道题为配对和选择题。

*running tunnels: 连续直行的隧道，tunnels: 隧道，此题是图解标签题，图上标出是两条线，要加-s。

*cross passages: 交叉通道，passages: 通路，此题是图解标签题，图上标出是两条线，要加-s，且注意辨音，是passage['pæsidʒ] *n.*（通道），而不是passenger['pæsidʒə] *n.*（乘客）。

版本号：06111=07131

话题背景	卷面识读词汇	答案拼写内容
如何做讲座陈述	audience 听众 nervous 紧张的	important [im'pɔ:tənt] adj. 重要的 gift [gift] n. 天赋 one or two ideas 一两个观点 time [taim] v. 记录时间 well-organized 很好组织的 pay attention 专心 read your talk 读你的演讲 a sheet of paper 一张纸 in full 以全文，用完整的词 time it takes 花费的时间

答案注意事项：
*well-organised: 很好组织的，organised/organized两者拼写均正确，前者为英式拼写，后者为美式拼写。

版本号：06113=09113

话题背景	卷面识读词汇	答案拼写内容
体育课的好处	pastime 消遣 Physical Education 体育 behaviour 行为	central part 主要部分 government policy 政府政策 mental ['mentl] adj. 心理的，智力的 non-active 不活跃的 negative effect ['negətiv][i'fekt] 消极的影响 India & Canada 印度和加拿大 health [helθ] n. 健康 intelligence [in'telidʒəns] n. 智力 concentration [,kɔnsn'treiʃn] n. 集中注意力 blood flow 血流量 key [ki:] n. 关键

答案注意事项：
*government policies: 政府政策，policies为复数形式，其单数形式为policy。
*India（印度），Canada（加拿大）：地点专有名词，首字母大写。

版本号：06148=07109=08146

话题背景	卷面识读词汇	答案拼写内容
男士关于郊区发展的介绍	merchant 商人 suburb 郊区 tax 税 tailor 裁缝 experimental 实验的 construction 建筑物 pursue 追寻	wealthy people 富人 food price 食物价格 business ['biznis] n. 商业 large-scale housing 大面积住房 commuters [kə'mju:təz] n. 通勤者 lack of spaces 缺少空间

答案注意事项：
*lack of spaces: 缺少空间，注意连读。

版本号：07106=08119=09131

话题背景	卷面识读词汇	答案拼写内容
商学院学生课外实习要求	maximum 最大量 academic qualification 学术资格 profile 简介 career plan 职业计划 deadline 最后期限 line manager 主管经理 colleague 同事	mission statement 公司理念 500 words 500 字 CV/curriculum vitae 履历 30th June 6月30日 3 times 3次 Administration Officer 行政官员

答案注意事项：
*30th June: 6月30日，月份是专有名词，首字母大写。
*CV/curriculum vitae: 履历，答案若写CV，字母必须大写。
*Administration Officer: 行政官员，专有名称，首字母大写。

版本号：07111

话题背景	卷面识读词汇	答案拼写内容
多媒体网络技术对图书馆管理影响的讲座	feedback 反馈 classification 分类 database 资料库 librarian 图书馆管理员	information sector 信息行业 2 hours 2小时 digital storage system 数字存储系统 collection [kəˈlekʃn] *n.* 收集 attachment [əˈtætʃmənt] *n.* 附着，附属物 preservation [ˌprezəˈveiʃn] *n.* 保存 selection [siˈlekʃn] *n.* 挑选 marketing [ˈmɑːkitiŋ] *n.* 销售 literature [ˈlitrətʃə(r)] *n.* 图书资料

答案注意事项：
*satisfaction: 为名词，读音[ˌsætisˈfækʃn]，注意与satisfactory[ˌsætisˈfæktəri] *adj.*（令人满意的）区别开来。

版本号：07112=08106

话题背景	卷面识读词汇	答案拼写内容
关于鱼油的介绍	fish oil 鱼油 fat acid 脂肪酸	brain [brein] *n.* 脑，智力 learning difficulty 学习困难 three months 3个月 one third 1/3 government [ˈgʌvənmənt] *n.* 政府 mathematics [ˌmæθəˈmætiks] *n.* 数学 reading difficulty 阅读困难 low nutrition 低营养

答案注意事项：
*mathematics: *n.* 数学，注意后面有s，注意拼写的准确度，可写缩写maths（英式）、math（美式）。

版本号：07143=08145=09147

话题背景	卷面识读词汇	答案拼写内容
成功的商业运作模式讲座	frequently 频繁地 ideal 理想的 confined 被限制的 impose 强加	safety ['seifti] *n.* 安全 combination [ˌkɔmbi'neiʃn] *n.* 联合体 attitude ['ætitjuːd] *n.* 态度 strict control 严格控制 factory ['fæktəri] *n.* 工厂 skill [skil] *n.* 技能
答案注意事项： *attitude: 态度，注意拼写的准确度，一共有3个字母t。 *factories: 工厂，此处为复数形式，其单数形式为factory。		

版本号：07147=08103

话题背景	卷面识读词汇	答案拼写内容
介绍国家公园地图绘制情况	GPS=Global Position System 全球定位系统 rainforest 雨林 habitant 居住者 community 社区 local history 地方志 language barrier 语言障碍 technology 技术 three-dimensional 三维的	39 39（平方千米，面积） national park 国家公园 photographs ['fəutəgrɑːfs] *n.* 照片 medicine ['medsn] *n.* 药
答案注意事项： *local tribe: 当地的部落，local表示程度限定，必须保留。		

版本号：08101=08129

话题背景	卷面识读词汇	答案拼写内容
商业道德发展史	business scandal 商业丑闻 commercial exchange 商业交易 economic system 经济系统 corporation 公司，企业 consumer 消费者 ethical 道德的 translate 转化	four decades 40年 philosopher [fi'lɔsəfər] *n.* 哲学家 Private Property 私有制 accountable [ə'kauntəbl] *adj.* 负有责任的 health [helθ] *n.* 健康 young [jʌŋ] *adj.* 年轻的 corrupt [kə'rʌpt] *adj.* 腐败的，不道德的 morality [mə'ræləti] *n.* 道德 global perspective 全球的发展前景 issues ['isjuːz] *n.* 问题

答案注意事项：

*Private Property: 私有制，书名，专有名称，首字母大写。

版本号：08102=09144

话题背景	卷面识读词汇	答案拼写内容
关于澳洲达尔文和阿德莱德之间的铁路	Darwin 达尔文 Adelaide 阿德莱德 infrequent 不常的	economic & logistic 经济和后勤方面的 camel ['kæməl] n. 骆驼 closed down 停产 gap [gæp] n. 差距 profit ['prɔfit] n. 利润 climate ['klaimit] n. 气候

答案注意事项：

*economic & logistic: 经济和后勤方面的，注意是economic表示“经济的，有经济效益的”，不是economical（节约的）。

*logistic/logistical: 后勤的，不是logical（逻辑上的），注意辨音拼写的准确度。

版本号：08104

话题背景	卷面识读词汇	答案拼写内容
关于香水的历史介绍	perfume 香水 fragrance 芬香 scent 香味 Tiffany 蒂梵尼珠宝公司	

答案注意事项：

*本章节全部为选择题。

版本号：08108

话题背景	卷面识读词汇	答案拼写内容
非洲游牧部落的变迁	mountain 山 palm 棕榈树 goatskin 山羊皮 cattle 牛	desert ['dezət] n. 沙漠 seasonal ['si:zənl] adj. 季节性的 olive oil 橄榄油 grass [grɑ:s] n. 草 square [skwɛə(r)] n. 正方形，广场 camels ['kæməlz] n. 骆驼 slaves [sleivz] n. 奴隶 herd [hə:d] n. 牧群 dark blue 深蓝色 guides [gaids] n. 向导

答案注意事项：

*desert: 沙漠，注意desert ['dezət] n. 沙漠，在单词拼写和读音上与dessert [di'zə:t] n. (餐后)甜食区别开来。

版本号：08109=09107

话题背景	卷面识读词汇	答案拼写内容
学习研究的项目介绍	questionnaire 调查问卷 respondent 被调查者 level 程度	school [skuːl] *n.* 学校 challenge [ˈtʃælindʒ] *n.* 挑战 health [helθ] *n.* 健康 interests [ˈintrəsts] *n.* 兴趣 tutors [ˈtjuːtəz] *n.* 导师 maturity [məˈtjuərəti] *n.* 成熟 advisors [ədˈvaizəriz] *n.* 顾问，指导老师 online service 联机服务
答案注意事项： *advisors: 顾问，注意拼写的准确度，结尾-or是英式拼写，-er是美式拼写。		

版本号：08110=09139

话题背景	卷面识读词汇	答案拼写内容
辣椒的用途	chili 红辣椒 nightshade 茄属植物 commerce 商业 health benefits 健康益处	perfume [ˈpəːfjuːm] *n.* 香水 wealth [welθ] *n.* 财富 exploration [ˌekspləˈreiʃn] *n.* 探险旅行 mood [muːd] *n.* 心情 toothache [ˈtuːθeik] *n.* 牙痛 money [ˈmʌni] *n.* 钱 smells [smelz] *n.* 嗅觉 *v.* 嗅，闻 transport [trænˈspɔːt] *n.* 运送 ship building 造船 tax [tæks] *n.* 税
答案注意事项： *shipbuilding: 造船，注意拼写的准确度，是一个单词。		

版本号：08111

话题背景	卷面识读词汇	答案拼写内容
孩子未来教育的发展方向	education 教育 infant 婴儿	background [ˈbækgraund] *n.* 背景 personality [ˌpəːsəˈnæləti] *n.* 个性 self-centred [ˌselfˈsentəd] *adj.* 只顾自己的，自我为中心的 house [haus] *n.* 房子 laboratories [ləˈbɔrətriz] *n.* 实验室
答案注意事项： *self-centred: 只顾自己的，自我为中心的，是一个单词，self 和centred 中间有连字符连接，注意拼写的准确度。		

版本号：08114=09135

话题背景	卷面识读词汇	答案拼写内容
热带水果	passion fruit 热带水果 flustration 波动 domestic 国内的	workforce [wə:kfɔ:s] *n.* 劳动人口 use of land 土地的使用

答案注意事项：

*本章节前8道题均为选择题。

*workforce: 劳动人口，是一个单词，注意拼写的准确度。

版本号：08120=08141

话题背景	卷面识读词汇	答案拼写内容
蜜蜂视力应用于人类的讲座		warning [wɔ:niŋ] *n.* 警告 urban ['ə:bən] *adj.* 城市的 radar ['reidɑ:(r)] *n.* 雷达 speed [spi:d] *n.* 速度 the Earth 地球 water ['wɔ:tə(r)] *n.* 水

答案注意事项：

*the Earth: 地球，此处earth/Earth均可，但通常大写。

版本号：08121

话题背景	卷面识读词汇	答案拼写内容
介绍土著人的绘画	Aborigine 澳大利亚土著人 dynamic 动态的 yam 山药 modern 现代的 symbol 象征	animal ['æniməl] *n.* 动物 sea-level [si:'lev(ə)l] *n.* 海平面 hunting ['hʌntiŋ] *n.* 打猎 creation [kri'eiʃən] *n.* 创造

答案注意事项：

*本章节前6道题为配对题。

版本号：08125=09118

话题背景	卷面识读词汇	答案拼写内容
介绍一个太阳能水净化系统	output 产出 clip 夹子 UV 紫外的 radiation 放射线 purify 净化 plastic 塑料 creature 生物 container 容器	salts [sɔ:lts] *n.* 盐 hospitals ['hɔspitls] *n.* 医院 too slow 太慢了 Health International 健康国际（组织） 9 litres 9升 family ['fæmili] *n.* 家庭 glass [glɑ:s] *n.* 玻璃 germs [dʒə:ms] *n.* 微生物，细菌 12.5 degrees 12.5度 water tank 水箱，水槽

答案注意事项:

*本章节后4道题为图解标签题。

*salt: [sɔ:lt] *n.*（食）盐，（化学）盐，若是表“（食）盐”的意思时为不可数名词，若是表“（化学）盐”的意思时为可数名词，此处是后者的意思，答案须加-s。

*too slow: 太慢了，too是程度限定，答案不能省去。

*Health International: 健康国际，是组织名称，专有名词，首字母大写。

版本号：08130=09126

话题背景	卷面识读词汇	答案拼写内容
澳洲交通工具的发展	vehicle 交通工具 vehicle registration 车辆登记 associate with 联系 conjunct 结合的 public transport 公共交通	60% 60%（的人口） uncomfortable [ʌn'kʌmfətəbl] *adj.* 不舒服的 freedom ['fri:dəm] *n.* 自由，自主 taxes ['tæksiz] *n.* 税 general government election 大选 polluted [pə'lu:tid] *v.* 被污染 relationship [ri'leiʃnʃip] *n.* 关系 lanes [leins] *n.* 车道 advertisements [əd'və:tismənts] *n.* 广告 shopping centres 大型购物中心

答案注意事项:

*taxes: 税，此处为复数形式，其单数形式为tax。

*polluted: 被污染，此处为被动式，原形为pollute，注意拼写的准确度，中间为两个字母l。

版本号：08131=09117

话题背景	卷面识读词汇	答案拼写内容
关于工程设计的讲座	part 零件 scientist 科学家 involve 使参与 interface 不同事物交会而彼此影响之处	manufacture [,mænju'fæktʃə] *n.* 制造 evolution [,i:və'lu:ʃən] *n.* 发展 model ['mɔdl] 模型 men [men] *n.* 人（复数） reproduce [,ri:prə'dju:s] *v.* 复制；重现 speed [spi:d] *n.* 速度 complex ['kɔmpleks] *adj.* 复杂的，合成的 meet [mi:t] *v.* 相见

答案注意事项:

*men: 人，此处为复数形式，其单数形式为man。

版本号：08132=09120

话题背景	卷面识读词汇	答案拼写内容
一座建筑物的历史变化	prisoner 战俘 balcony 阳台 museum 博物馆 business opportunity 商业机会 award 奖	conference centre 会议中心 car park 停车场 room [ruːm] n. 空间 do exercise 做运动 leak [liːk] v. 泄漏 hotel [həu'tel] n. 旅馆

答案注意事项：

*room: 空间，是不可数名词，答案不能加-s。

版本号：08134

话题背景	卷面识读词汇	答案拼写内容
一个城镇市场的发展史	boom 繁荣 workshop 作坊 souvenir 纪念品 reference 参考 handcraft 手工 reconstruction 重建 defence 防御 decline 衰退 prison 监狱	market ['mɑːkit] n. 市场 interviews ['intəvjuːs] n. 采访 useless ['juːslis] adj. 无价值的 crimes [kraims] n. 罪 photographs ['fəutəgrɑːfs] n. 照片

答案注意事项：

*本章节前5道题为选择题。

版本号：08135

话题背景	卷面识读词汇	答案拼写内容
金属探测装置在考古方面的应用	conflict 冲突 technology 工艺 technique 技术 Scotland 苏格兰 Ireland 爱尔兰 England 英格兰 metal 金属 detect 发现	museums [mjuː'ziəmz] n. 博物馆 farming ['fɑːmiŋ] n. 农事，耕作；畜牧业 resources [ri'sɔːsiz] n. 来源 age [eidʒ] n. 年代 machine [mə'ʃiːn] n. 机器 chemical ['kemikəl] n. 化学产品 licence ['laisəns] n. 执照, 许可证 everything ['evriθiŋ] pron. 每件事，一切 form [fɔːm] v. 形成 soil damage 土壤损害

答案注意事项：

*licence: 执照，许可证，licence/license两种拼写均可，前者为英式拼写，后者为美式拼写。

版本号：08137

话题背景	卷面识读词汇	答案拼写内容
波特兰水泥介绍	Portland cement 普通水泥 concrete 混凝土 ecology 生态学 carbon dioxide 二氧化碳 cement mixer 水泥搅拌车	high temperature 高温 oven ['ʌvən] *n.* 烤炉
答案注意事项： *oven: 烤炉，注意此单词的准确发音。		

版本号：08140

话题背景	卷面识读词汇	答案拼写内容
研究鲸和海豚自杀原因的讲座	dophin 海豚 whale 鲸 natural 自然的 stranding 搁浅 current 水流 SONAR 声呐	tides [taidz] *n.* 潮 hearing ['hiəriŋ] *n.* 听觉 plants [plɑ:nts] *n.* 植物 animals ['æniməlz] *n.* 动物 fed [fed] *v.* 被饲养 healthy ['helθi] *adj.* 健康的 loud noises 高噪声 group [gru:p] *n.* 群 leader ['li:də] *n.* 带头者 network ['netwə:k] *n.* 网络
答案注意事项： *loud noise: 高噪声，loud是程度限定，不可省略。 *fed: 被喂养，此处是被动式，原形为feed。		

版本号：08144=09143

话题背景	卷面识读词汇	答案拼写内容
超市货品摆放布局	layout 布局 aisle 通道 shelf 架子 entrance入口 profitable 有利可图的	traffic flow 运输流量 rush [rʌʃ] *v.* 急速行进 random ['rændəm] *adj.* 任意的 time [taim] *n.* 时间 cost-effective 有成本效益的，划算的 smaller areas 更小的区域
答案注意事项： *cost-effective: 有成本效益的，划算的，是一个单词，注意拼写的准确度。 *smaller areas: 更小的区域，注意答案是比较级smaller，不是small。		

版本号：09101

话题背景	卷面识读词汇	答案拼写内容
一个女学生介绍关于13世纪的乡下生活	Internet 网络 ditch 沟渠 crops 庄稼	museum archives 博物馆档案 map [mæp] *n.* 地图 protection [prəˈtekʃn] *n.* 保护 fertilize soil 使土壤肥沃 shops [ʃɔp] *n.* 商店 against birds 抵御鸟类（的袭击）

答案注意事项：

*本章节后4道题为选择题。

*museum archives: 博物馆档案，注意archives必须为复数形式。

*fertilize soil: 使土壤肥沃，注意和fertile soil（沃土）的区别。

版本号：09103

话题背景	卷面识读词汇	答案拼写内容
介绍一个纽约的摄影师	exhibition 展览 philosophy 哲学	methods [ˈmeθədz] *n.* 方法，办法 outdoors [ˈautdɔː(r)z] *adv.* 在户外 light [lait] *n.* 光线 approaches [əˈprəutʃiz] *n.* 方法，办法

答案注意事项：

*本章节前3道为选择题，中间3道为配对题。

*outdoors: 在户外，注意此处要填的是副词，outdoor是形容词，答案须有s即outdoors。

*approaches: 方式、方法，approach结尾为-ch,注意其复数形式加-es即approaches。

版本号：09104

话题背景	卷面识读词汇	答案拼写内容
地图的发展史	Mesopotamia 美索不达米亚（地名） China 中国 Egypt 埃及 settlement 定居点 cultivation 栽培，耕种	leaves [liːvz] *n.* 树叶 cities [ˈsitiz] *n.* 城市 fields [fiːldz] *n.* 领域 wood [wud] *n.* 木材 bones [bəunz] *n.* 骨骼 winds [windz] *n.* 风 printing technology 打印技术 world [wəːld] *n.* 世界 part of Asia 亚洲的一部分 atlas [ˈætləs] *n.* 地图集，地图册

答案注意事项：

*leaves: 树叶，其单数形式为leaf，f, fe结尾的名词其复数形式要将词尾改成v 后加es。

*cities: 城市，其单数形式为city，y结尾的名词y前面为元音的要把y去掉改成i后加es。

*wood: 木头，注意wood是木头的意思时为不可数名词，不能加-s。

*part of Asia: 亚洲部分，Asia亚洲为专有名词，首字母大写。

版本号：09105=09119

话题背景	卷面识读词汇	答案拼写内容
关于人们对医疗体系意见的调查	questionnaire 调查问卷 collection 收集 problem 问题 undergraduate 本科在读生 colleague 同事 tutor 导师	

答案注意事项：

*本章节全部为选择题。

版本号：09106

话题背景	卷面识读词汇	答案拼写内容
计算机对教育的影响	digital 数字的 pattern 图案，花样	

答案注意事项：

*本章节前3道为选择题，后7道为配对题。

版本号：09108

话题背景	卷面识读词汇	答案拼写内容
英国传统的纺织业	facilities 设施 technologist 工艺人员 fabric 纤维	1.5 million 150万（个工人） manual ['mænjuəl] *adj.* 手工的，手动的；手控的；用手操作的 women ['wimin] *n.* 妇女 [复] outdoor ['autdɔ:] *adj.* 户外的

答案注意事项：

*本章节中间2道为选择题，后4道为配对题。

*women: 妇女，其单数形式为woman, 此处填写的为复数形式，注意单词拼写的准确度。

版本号：09109

话题背景	卷面识读词汇	答案拼写内容
建筑作业要求	historical 历史学的	social ['səuʃl] *adj.* 社会的 materials [mə'tiəriəlz] *n.* 原料 influence ['influəns] *n.* 影响力；作用 success [sək'ses] *n.* 成功；成就 skills [skilz] *n.* 技能；技巧 environment [in'vaiərənmənt] *n.* 情况，环境 reasons ['ri:znz] *n.* 原因；动机 emotional [i'məuʃənl] *adj.* 情感的 analysis [ə'næləsis] *n.* 分析 design [di'zain] *n.* 图样，设计图

答案注意事项：

*materials: 原料，注意material是原料的意思时，必须有-s。

*environment: 情况、环境。注意拼写的准确度，单词中间有n、m两个字母。

*analysis: 分析，其复数形式为analyses。

版本号：09112

话题背景	卷面识读词汇	答案拼写内容
对单性别学校和混合性别学校的研究	benefits 利益 achievement 成就	voice [vɔis] *n.* 嗓音 group [gru:p] *n.* 组，群 true [tru:] *adj.* 真实的 behaviour [bi'heivjə] *n.* 行为，举止 critical ['kritikəl] *adj.* 批判性的；挑剔的

答案注意事项：

*本章节前5道为选择题。

*behaviour: 行为，举止，此处为英式拼写，美式拼写为behavior，两者均正确。

版本号：09114

话题背景	卷面识读词汇	答案拼写内容
介绍一个大学即将举办的交流会议	range 范围 raise fund 筹钱 media 媒体 technical support 技术支持 collate 核对、整理	facilities [fə'silətiz] *n.* 设备，设施 research [ri'sə:tʃ] *n.* 研究 government ['gʌvənmənt] *n.* 政府 politics ['pɔlitiks] *n.* 政治 humour ['hju:mə] *n.* 幽默 translation [træns'leiʃən] *n.* 翻译 crime [kraim] *n.* 犯罪 equipment [i'kwipmənt] *n.* 设备；器材 informal [in'fɔ:məl] *adj.* （语言）非正式的；口语体的 feedback ['fi:dbæk] *n.* 反馈，反馈信息

答案注意事项：

*facilities: 设备，其单数形式为facility，复数形式去掉y改成i加es。

*government: 政府，注意单词拼写的准确度，中间既有字母n也有m。

*politics: 政治，注意此处为名词结尾必须有s，politic为形容词。

*humour: 幽默，此处为英式拼写，美式拼写为humor，两者拼写均正确。

*feedback: 反馈，是一个单词，注意单词拼写的准确度，是不可数名词，结尾不能加-s。

版本号：09121=09145

话题背景	卷面识读词汇	答案拼写内容
鲨鱼研究调查	shark 鲨鱼 food pattern 食物形式 surface 表面 ocean floor 海底	coast [kəust] *n.* 海岸 garbage ['gɑːbidʒ] *n.* 废物 summer ['sʌmər] *n.* 夏季 fish [fiʃ] *n.* 鱼 checked [tʃekt] *n.* 检查（被动式） boat [bəut] *n.* 小船 camera ['kæmərə] *n.* 照相机 release [ri'liːs] *n.* 放走
答案注意事项： *本章节有流程图。 *garbage: 废物，是不可数名词，不能加s。		

版本号：09123

话题背景	卷面识读词汇	答案拼写内容
矿石开采的历史及矿灯的变迁	lamp 灯 fix 固定 advantage 有利因素	cliffs [klifs] *n.* 峭壁，悬崖 transport [træn'spɔːt] *n.* 运送，运输 40% 40%（增长率） rural ['ruərəl] *n.* 乡村的 spring [spriŋ] *n.* 春天 Scotland ['skɔtlənd] *n.* 苏格兰 candle ['kændl] *n.* 蜡烛 accidents ['æksidənts] *n.* 事故 lock [lɔk] *n.* 锁 water ['wɔːtər] *n.* 水
答案注意事项： *Scotland: 苏格兰，地点专有名词，首字母大写。		

版本号：09128

话题背景	卷面识读词汇	答案拼写内容
讲新产品的研发推广和顾客需求之间的关系	confident 自信的 unsuccessful 不成功的 limited knowledge 有限的知识 new technology 新技术 typical 典型的	strategies ['strætədʒiz] *n.* 策略 outcomes ['autkʌms] *n.* 结果 direct [di'rekt] *n.* 直接的 behavior [bi'heivjər] *n.* 行为举止
答案注意事项： *behaviour: 行为举止，behaviour/behavior拼写均正确，前者为英式拼写，后者为美式拼写。 *strategies: 策略，其单数形式为strategy。		

版本号：09130=09142

话题背景	卷面识读词汇	答案拼写内容
关于大学生就业的分析	application 申请 decrease 减少 enrollment 注册 participation 参与 innate capacity 天赋才能	telephone survey 电话调查 case study 案例调查 postal survey 邮寄调查 problem solving skill 解决问题的能力 communication [kəˌmjuːniˈkeiʃn] *n.* 交流，表达 self-evaluation 自评 social activities 社交活动 further training 深造进修
答案注意事项： *self-evaluation: 自评，注意是一个单词，注意拼写的准确度。		

版本号：09132

话题背景	卷面识读词汇	答案拼写内容
水的储存	groundwater 地下水 dam 坝 irrigation 灌溉 canal 运河	North Africa 北非 Romans [ˈrəumənz] *n.* 古罗马人 symbol of progress 进步的象征 grey [grei] *adj.* 灰色的 oxygen [ˈɔksidʒən] *n.* 氧气 1 month 1个月 water [ˈwɔːtər] *n.* 水 salt [sɔːlt] *n.* 盐 gold [gəuld] *n.* 金
答案注意事项： *North Africa: 北非，地点专有名词，首字母大写。 *Romans: 古罗马人，专有名词，首字母大写。 *grey: 灰色的，grey/gray拼写均正确，前者为英式拼写，后者为美式拼写。		

版本号：09133

话题背景	卷面识读词汇	答案拼写内容
北美土著人住房的各种建筑风格及材料	roof 房顶 layer 层 isolation 隔离 air 使房间透气	branches [ˈbrɑːntʃis] *n.* 树枝 grass [grɑːs] *n.* 草，牧草 square [skwɛər] *n.* 正方形的，四方的 dome [dəum] *n.* 穹顶，圆屋顶 tent [tent] *n.* 帐篷，帐棚 mud [mʌd] *n.* 泥，烂泥，淤泥 tower room 塔房 settlement [ˈsetlmənt] *n.* 殖民地 angle [ˈæŋgl] *n.* 角度，观点 wind blowing 风的流动

答案注意事项：

*angle: 角度，注意与angel['æŋgl] n.（天使）在读音和拼写上的区别。

*branches: 树枝，其单数形式为branch，复数形式要加-es。

版本号：09134

话题背景	卷面识读词汇	答案拼写内容
关于沼泽地保护	cultivation 培养 residence 住处 female 女性的	salt [sɔ:lt] n. 盐 ocean ['əuʃn] n. 海洋 sea level 海平面 plants [plɑ:nts] n. 植物 rice [rais] n. 稻 shellfish ['ʃelfiʃ] n. 贝类，甲壳类（食物） spring [spriŋ] n. 春天

答案注意事项：

*shellfish: 贝类，甲壳类（食物），是一个单词，注意拼写的准确度。

版本号：09136

话题背景	卷面识读词汇	答案拼写内容
黑猩猩的行为研究	chimpanzee 黑猩猩 bilolgical 生物学的 hammer 锤子	genetic [dʒi'netik] adj. 基因的，遗传学的 behaviours [bi'heivjə(r)z] n. 待人态度，举止 tools [tu:lz] n. 工具 open ['əupən] adj. 开着的 stone [stəun] n. 石，石头 skills [skilz] n. 技能，技艺，技巧 river ['rivə(r)] n. 河，江，水道 density ['densəti] n. 浓度，密度

答案注意事项：

*本章节后2道题为选择题。

版本号：09137

话题背景	卷面识读词汇	答案拼写内容
本科生研究生小组学习	undergraduate 没毕业的学生 postgraduate 研究生 scheme 计划	group meeting 小组会议 summary ['sʌməri] n. 总结，摘要，概要 management ['mænidʒmənt] n.（企业等的）管理，经营 comprehension [ˌkɔmpri'henʃn] n. 理解（力） grades [greidz] n.（官阶、质量等的）等级，品级，阶段，程度 relationship [ri'leiʃnʃip] n. 关系 standard ['stændəd] n. 标准

答案注意事项：

*本章节前面为流程图，后面为表格填空，答案要求一个单词。

版本号：09138

话题背景	卷面识读词汇	答案拼写内容
无人驾驶汽车设计竞赛	obstacles 障碍 introductory 介绍的	computer science 计算机专业 rocks [rɔks] *n.* 岩石 video cameras 摄影机 seminar ['seminɑ:(r)] *n.*（大学生与教师的）（专题）研讨会 skills [skils] *n.* 技能，技艺，技巧 ideas [ai'diəs] *n.* 构想，思想，主意 teams [ti:ms] *n.* 队

答案注意事项：

*本章节中间4道题为选择题。

版本号：09140

话题背景	卷面识读词汇	答案拼写内容
有机农业	fertilizer 肥料 pesticide 杀虫剂，农药	sustainable [sə'stein'eibl] *n.* 可以忍受的 sales [seils] *n.* 卖，出售，销售 energy ['enədʒi] *n.* 精力，干劲 insects ['insekts] *n.* 昆虫 potato [pə'teitəu] *n.* 马铃薯 10%（低10%） grass [grɑ:s] *n.* 草，牧草

答案注意事项：

*本章节后3道题为选择题。

版本号：09141

话题背景	卷面识读词汇	答案拼写内容
某人开轮船公司的创业史	sea voyage 海上航行 commodity 商品，日用品	radio ['reidiəu] *n.* 无线电；收音机 newspapers ['nju:speipə(r)z] *n.*报，报纸 speed [spi:d] *n.* 速度 hotels [həu'telz] *n.* 旅社；旅馆

答案注意事项：

*本章节前6道题为选择题。

*newspapers: 报纸，为可数名词，提供各种报纸需加-s。

版本号：09148

话题背景	卷面识读词汇	答案拼写内容
关于建设风力电站对鸟类生活的影响	monitor 监视器，监测器 model 模型	cloud [klaud] *n.* 云 danger ['deindʒə(r)] *n.* 危险 camera ['kæmərə] *n.* 照相机 airports ['ɛəpɔ:ts] *n.* 机场，航空港 reliable [ri'laiəbl] *adj.* 可信赖的；可靠的 alarm [ə'lɑ:m] *n.* 警报 computer [kəm'pju:tə(r)] *n.* 计算机
答案注意事项： *本章节后3道题为选择题。		

请关注卢峭梅老师预测网站：

http://blog.sina.com.cn/luqiaomei

预测记录